# 教職員のための "アサーション" 実践50例

会話で学ぶ豊かなコミュニケーション

埼玉大学教授 沢崎俊之 編著

第一法規

## はじめに

　本書は2種類の読者を想定しています。一つは、「自分も相手も大切にするコミュニケーションを目指す」アサーションについてある程度理解をもっており、それを学校教育等の場面で生かそうとされている方たちです。第2は、アサーションについてはあまりよく知らないが、教職員間や職業上の人間関係で悩んでおり、それをより良いものにしていこうと、模索されている方たちです。
　第1の読者に対しては、アサーションを児童・生徒との関係の中で生かしたり、心理教育や予防的・開発的教育相談の中で活用するだけでなく、教職員間のコミュニケーションの改善にも役立てていただければと思っています。
　また、第2の読者に対しては、アサーションの考え方を通じて自分自身のコミュニケーションのあり方を振り返ることで、教職員間のコミュニケーションの改善のヒントを提供できればと思っています。そして、本書をきっかけに、アサーションの考え方に興味を持たれ、さらに学習を深めていただけると幸いです。
　私はかつてアサーション理解の視点として、7つの視点がありうることを指摘しました。それは、「1　自己把握・自己理解」「2　自己開示」「3　他者への志向性」「4　自己の個別性」「5　人権・エンパワーメント」「6　自己受容」「7　葛藤の解決スキル」（園田雅代・中釜洋子・沢崎俊之編著『教師のためのアサーション』金子書房、2002、p.27）です。
　この7つの視点はアサーションの学習の様々な入口と捉えることもできると思います。同じ山を目指すにしても、様々な登山口があるようなものです。アサーションを俯瞰してとらえると、私はその面白さ・魅力として、また現代的な意味を持っていると考えられる点として、アサーションが「自律」と「協働」という2つの異なったベクトルをその中に含んでいる点をあげられると考えています。
　これまで自分というものを大切にしてこなかった人は、アサーションから、自分の気持ちや考えを大切にしてよいのだ、ということを学ぶでしょう（視点1）。自分を閉ざしていた人は、人に自分の気持ちや考えを開いてもよいのだ、ということを学ぶでしょう（視点2）。人と自分の境界があやふやでそこで悩ん

でいる人は、自分のことは最終的に自分で決めてよいのだという、自己の個別性を学ぶでしょう（視点4）。反対に他者に働きかけたり、かけられたり、共に生きてよいのだということを学ぶ人もいるでしょう（視点3）。アサーションから、すべての人がもともと持っている権利を再認識する人もいるでしょうし（視点5）、今の自分を否定することなく、今の自分から出発すればよいのだ、ということを学ぶ人もいるでしょう（視点6）。さらに他者との葛藤解決のスキルとして、「DESC法」や「私メッセージ」などを活用してアサーションに接近する人もいるでしょう（視点7）。そのような様々な学びの道行きを私は大切にしたいと思っています。

　本書は、その様々な道行きの中で、視点7「葛藤の解決スキル」としての「DESC法」を生かすことを通じて、教職員集団の中に、豊かなコミュニケーションが構築されることを願って編まれたものです。教職員間のコミュニケーションに関する事例を、1）問題に対応する事例と　2）関係をつくる事例　に大別し、それぞれ具体的な会話例と改善例からコミュニケーションのコツを学ぶことができると考えられます。

　執筆に関しては解説部分は沢崎が執筆し、実践事例については、埼玉大学教育学部の公開講座「教師のためのアサーション・トレーニング入門」の修了生であり、私のところでの1年間の長期研修や埼玉大学大学院教育学研究科で修士課程を修了した4名（内田浩子、駒宮惠美子、相模幸之、辻野智香）と共同で執筆しました。

　なお、事例は、経験にもとづいた架空の事例であることをお断りします。

　編集にあたっては第一法規の松田浩さんには大変お世話になりました。松田さんを含め6人で本書ができあがったといっても過言ではありません。

　末筆になりますが、私（そしてともに学んだ仲間たち）をアサーションの世界に導びき、長期間に渡って指導してくださり、また現在も暖かく見守って下さっている統合的心理療法研究所顧問の平木典子先生の学恩に対して感謝申し上げます。

　　　平成29年3月
　　　　　著者を代表して　　　　　　　　　　　　　　　　　　沢崎　俊之

# 目次

## はじめに

## 解説　アサーションの基礎知識
- **解説1** アサーションとは何か
  ―3つの自己表現― …… 2
- **解説2** 学校現場におけるアサーション
  ―DESCを生かした豊かなコミュニケーションの構築― …… 7

## 実践Ⅰ　問題に対応する事例

### 1　急な予定変更
- **事例1** 夏季休業中の研修日の変更を求められた事例 …… 12
- **事例2** 日番（退勤時の校舎の鍵締め当番）の交代を求められた事例 …… 15
- **事例3** 急な電話対応で打ち合わせの時間に遅れてしまった事例 …… 18
- **事例4** 部活動の練習試合の引率を先輩教員から依頼された事例 …… 21
- **事例5** 突然、学校医から健診日程の変更を求められた事例 …… 24

### 2　提出期限
- **事例6** 健康観察簿を遅れて出す事例 …… 26
- **事例7** 教育委員会への提出物を翌日までに提出するよう催促された事例 …… 29
- **事例8** 研究授業の指導案の提出が締切に間に合わないと初任者から言われた事例 …… 32
- **事例9** 教育委員会への提出文書の作成状況を確認された事例 …… 35

### 3　仕事上のミス
- **事例10** 社会科見学の施設予約をし忘れていた事例 …… 38
- **事例11** 生徒出席簿の記入ミスについて確認を受けた事例 …… 41
- **事例12** 配布資料の作り直し作業を手伝おうと声をかけられた事例 …… 44

### 4　事故・発熱
- **事例13** 生徒が学校に無断で原付バイクに乗車中事故にあった事例 …… 47
- **事例14** 発熱した児童のお迎えを夜まで待つよう求められた事例 …… 50
- **事例15** 保護者への電話連絡の仕方について学年主任から指摘された事例 …… 53

## 実践Ⅱ 関係をつくる事例

### 1 協力依頼(する/される)
- **事例16** 職員の個人研究に協力を求められた事例 …… 58
- **事例17** 業務時間終了後、突然大量のプリントを印刷するよう求められた事例 …… 61
- **事例18** 廊下に絵を掲示するよう頼まれた事例 …… 64
- **事例19** 研究授業でティーム・ティーチング(TT)の協力を依頼された事例…… 67
- **事例20** 教頭から「地域の会合に参加してほしい」と依頼された事例 …… 70
- **事例21** 教務主任から「職員会議資料のとじ込みを手伝ってほしい」と依頼された事例 …… 73
- **事例22** 朝、届いた大きな荷物を運んでもらえないかと頼まれた事例 …… 76
- **事例23** 大雪の朝、雪かきの手伝いを頼まれた教員の事例 …… 79

### 2 相談(する/される)
- **事例24** 養護教諭が相談事を持ちかけられた事例 …… 82
- **事例25** 臨時採用教員が学年主任に分からないことを相談した事例 ……85
- **事例26** 保護者へ電話する場面でなかなか核心に迫れない初任者からの相談事例 …… 88
- **事例27** 授業の進め方について新任教員から相談された事例 …… 91
- **事例28** 食事中にパソコンの使い方を教えてほしいと言われた事例…… 94
- **事例29** 教務主任になり、提出すべき書類がどんどん溜まってしまった事例 …… 97

### 3 指導(する/される)
- **事例30** 授業訪問を行った管理職から授業について指導を受ける事例 ……100
- **事例31** 家庭訪問後、保護者に話した内容について校長から指導を受けた事例 …… 103
- **事例32** 休み時間が終了しても教室に戻らない子どもに対する指導を求められた事例 …… 106
- **事例33** 同じ失敗を繰り返してしまう初任者が指導される事例 …… 109
- **事例34** 個人の荷物を教室に置いている先生が指導される事例 …… 112

## 4 批判(する/される)

- 事例35 作業の手順が違うと管理職から叱責された事例 …… 115
- 事例36 同僚教員から「生徒指導が甘い」と責められた事例 …… 118
- 事例37 養護教諭が担任から、保健室に頻回来室する児童を早く教室に戻してほしいと言われた事例 …… 121
- 事例38 部活動での指導について教員間のトラブルが生じた事例 …… 124
- 事例39 近隣住民から生徒の喫煙について苦情を受けた事例 …… 127

## 5 意見(する/される)

- 事例40 学年会議で遠足の行き先を協議している事例 …… 129
- 事例41 職員会議で反対意見を述べた事例 …… 132
- 事例42 不本意な人事異動の内示について同僚から声をかけられた事例 …… 135
- 事例43 授業のやり方について若手教員から意見を言われた事例 …… 138

## 6 依頼(する/される)

- 事例44 管理職から研究授業を勧められた事例 …… 141
- 事例45 研修会で司会を依頼された事例 …… 144
- 事例46 年度初めの学年会で得意ではない担当を依頼された事例 …… 147

## 7 保護者からの依頼(される)

- 事例47 保護者から、体操着で登下校させてほしいと依頼された事例 …… 150
- 事例48 保護者から、朝起きない子どもを起こしに来てほしいと依頼された事例 …… 152
- 事例49 保護者から、子どもへの宿題を減らしてほしいと言われた事例 …… 154
- 事例50 学校生活管理指導表(アレルギー疾患用)の提出を保護者に拒否された事例 …… 156

# 本書の利用に当たって

本書の中核を成す「実践Ⅰ　問題に対応する事例」「実践Ⅱ　関係をつくる事例」では、アサーションの代表的技法であるDESC法【D（描写）、E（表現）、S（提案）、C（選択）】の4ステップによる会話例を掲載しました。教職員間でDESCの考え方を生かした豊かなコミュニケーションを築くための参考として、本書をご活用ください。

≪冒頭頁の展開≫

| 事例2 | 日番（退勤時の校舎の鍵締め当番）の交代を求められた事例 | ■第1話者の会話 |

A先生　「今日は急に用事が入ってしまったので、日番を代わってくれる？」

■事例概要
学校現場で日常ありがちな架空の事例を50掲載。

**事例概要**　ある日、B先生は、先輩教員のA先生に、急用のため日番（退勤時の校舎の鍵締め当番）を代わってほしいと言われました。しかし、B先生もその日は友人と会う約束があって、定時に退勤したいと考えています。

「えー!?　そんなの嫌ですよ！私だって用事があるんですから！」B先生

■第2話者のアグレッシブな反応
⇒会話相手の**攻撃的**な自己表現。
その時の気持ちと予想される結果を提示。

[当事者の気持ち]
急に言われても困る。A先生に急用ができてしまったことはA先生に責任はないかもしれないが、私にだって用事がある。先輩の頼みを何でもかんでも受け入れなければならない筋合いなんてない。

[予想される結果]
B先生は、A先生から「生意気だ」と思われるようになりました。

「あ、はい…分かりました…いいですよ？」B先生

■第2話者のノン・アサーティブな反応
⇒会話相手の**非主張的**な自己表現。
その時の気持ちと予想される結果を提示。

[当事者の気持ち]
困るけど、A先生の急な用事だから仕方がない。もし日番を断ったら、A先生はきっと気を悪くして今後頼み事をしても聞いてくれなくなるだろう。それにしても…このあと友人と連絡がうまく取れるかどうか不安だ。

[予想される結果]
この日友人に会えなかったB先生は、A先生を恨むようになりました。

vi

≪第1話者のアサーティブな発言と会話の展開≫
※第1話者が教職員以外の場合、本展開は無し。

さて、A先生の発言に改善の余地はあるのでしょうか？
「アサーションのDESCを生かした会話例」
を以下に示しましたので、参考にしてください。

**A先生の発言がアサーティブになると…**

A先生：「今日は私が日番なんだけど、急に用事が入って、定時に学校を出ないと間に合わない状況になってしまったんだ。」**(D)**
「その急用はどうしても行かなくてはならないので、とても困ってしまっているんだ。」**(E)**
「今日の今日のお願いで無理かもしれないけど、日番を代わってくれる？」**(S)**

B先生：「急用が入って困ってしまったんですね。でも私も約束があるので、A先生と私の2人で鍵締めをやりませんか？少し早いですが今から一緒に鍵締めに回ればお互いに定時退勤できますよ。」

A先生：「ありがとう。そうしてもらえると助かるよ。じゃあ今度、B先生が日番の日には私も一緒に手伝うからね。」**(C)**

**アサーティブになるポイント**
・A先生は、(E) で「その急用はどうしても行かなくてはならないので、とても困ってしまっているんだ。」と自分の気持ちを表現しています。

≪第2話者のアサーティブな発言と会話の展開≫

一方、B先生は、A先生の声かけに対してどんなコミュニケーションをとればよかったでしょうか？　攻撃的でも非主張的でもない「アサーションのDESCを生かした会話例」を以下に示しましたので、参考にしてください。

**B先生の発言がアサーティブになると…**

A先生：「今日は急に用事が入ってしまったので、日番を代わってくれる？」

B先生：「実は、私も今日は定時に退勤しないと、友人との約束に間に合わないんです。」**(D)**
「A先生が困っているのにお力になれずに申し訳ございません。」**(E)**
「他の先生に日番を代わってもらえないか、教頭先生に相談してみてはどうでしょうか？」**(S)**

A先生：「B先生も約束があるんじゃ仕方ないね。じゃあ、教頭先生に相談する前に、まずはC先生に頼んでみるよ。」

B先生：「本当に申し訳ございません。用事がないときは喜んで交代しますので、これからも何かあったらおっしゃってください。」**(C)**

**アサーティブになるポイント**
・B先生は、(D) で「私も今日は定時に退勤しないと、友人との約束に間に合わないんです。」と、相手との共通の基盤を作っています。

---

**基本的な会話の読み方**

■DESCを生かした**第1話者**の会話が展開（各発言の最後に**D・E・S**を表記）。アサーティブになる重要なポイントとなった会話を**太字**で表示。「⬇」以後**第2話者**の会話も変化し、第1話者の**C**へと展開して終了。
※Cの会話が**太字**の例もあり。

■DESC法の4ステップ
【第1ステップ】
〈D = describe：描写〉
⇒自分が問題ととらえている状況を相手と共有。共通の土台を作るための客観的な描写。
【第2ステップ】
〈E = express, explain, empathize：表現、説明、共感〉
⇒自分の気持ちを表現、説明。相手の気持ちに共感するところがあれば、それも表現。
【第3ステップ】
〈S = specify：特定の提案〉
⇒問題状況に対しての解決案などを具体的に提案。
【第4ステップ】
〈C = choose：選択〉
⇒自分の提案に対する肯定的結果と否定的結果の各々に対する自分の対応を選択。

**基本的な会話の読み方**

■DESCを生かした**第2話者**の会話が展開（各発言の最後に**D・E・S**を表記）。アサーティブになる重要なポイントとなった会話を**太字**で表示。「⬇」以後**第1話者**の会話も変化し、第2話者の**C**へと展開して終了。
※Cの会話が**太字**の例もあり。

## 主な登場人物

「実践Ⅰ 問題に対応する事例」と「実践Ⅱ 関係をつくる事例」について、架空ではありますが、より臨場感あふれる会話をお楽しみいただくため、登場人物をイラストで紹介しました。

ある人物の表情が、相手との会話の中でどう変化していくか、会話文とともに読み取っていただければ幸いです。

代表的な学校の教職員と学校外の関係者のイラストは以下の通りです。

≪代表的な学校の教職員≫

校長（男）　校長（女）　教頭（男）　教頭（女）

養護教諭　40代教員　30代教員　20代教員

≪学校外の関係者≫

学校医　保護者　住民

解説

# アサーションの
# 基礎知識

##  アサーションとは何か―3つの自己表現―

### (1) アサーションの概念・歴史

　私たちは人とのコミュニケーションのなかで、自分の言いたいことを言えなかったり、遠まわしに言ったりすることもあるでしょうし、あるいは反対に相手のことをかまわずに一方的に自分の意見や感情を押し付けたりすることも経験するでしょう。アサーションとはそのように、相手や自分の一方のみを大切にするのではなく、「自分も相手も大切にした自己表現」を目指すものです。アサーションの原語は英語のassertionで、その言葉を英和辞典で引くと、「主張、断言」と出てきます。それも間違いではありませんが、やや一方的といったニュアンスで用いられることが多いため、私たちは今のところ、カタカナで「アサーション」と表現しています。

　歴史的には、アサーション・トレーニングの原型はアメリカでカウンセリングの一つの方法として1950年代に生まれました。それは、自己表現や対人関係が苦手で、なかなかNOと言えない人たちにたいして、「NOと言えるように支援する」行動療法の一つの技法として開発されました。その後、人権の考え方を基礎に据えて体系化され、1980年代の初めに、平木典子氏によって、日本人向けに改良されて日本に導入され、すでに35年以上の年月が経過しています。アサーションは社会的弱者のための支援という特徴を最初からもっていました。くわしくは参考文献等をご覧ください。

　アサーションは一言でいうと「自分も相手も大切にした自己表現」であると書きましたが、さて自分の何を、あるいは相手の何を大切にするかというと、その中心は「『自分のこころ』、『相手のこころ』を大切にする」と言えるのではないでしょうか。その点を踏まえて、目には見えないこころの様々な在り様に言及して、アサーションをもう少し詳しく説明すると、「自分の考え、欲求、気持ち、気分などを正直に、率直に、その場の状況に合った適切な方法で述

べること」となります。これがアサーションの第1の定義です。またもう一つの定義としては、「他人の基本的人権を侵すことなく、自分の基本的人権のために立ち上がり、表現すること」があります。これは人権の観点からアサーションを説明したものです。

　私は以前、アサーションを「自己把握、自己表現、聞く姿勢」の3つのプロセスからなると考えられる、と指摘しました（沢崎、2010）。これは「自分も相手も大切にした自己表現」を相手とのプロセスの中で捉え直したものと言えます。さらに「自己把握（＝自己との対話）」「自己表現」「聞く姿勢（他者との対話）」を含んだプロセスの質を高めることが、「心の通う人間関係を築く」ことにつながるのでは、とも述べました（沢崎、2013）。このことは特に、アサーションをどう生かすか、といったときにヒントとなるのでないかと考えられます。

　また、改めて「相手を大切にするとはどういうことか」「自分を大切にするとはどういうことか」を考える際に、参考になると思われるのがエーリッヒ・フロムの言葉です。彼は『愛するということ』（1991）のなかで、愛の4つの要素として①配慮（care：愛するものの生命と成長を気にかけること）、②責任（responsibility：他の人間が、表に出すにせよ出さないにせよ、何かをもとめてきたときの、私の反応）、③尊敬（respect：人間のありのままの姿をみて、その人が唯一無二の存在であることを知る能力）、④知（knowledge：その人に関する知識によって導かれなければ、配慮も責任も当てずっぽうに終わってしまう）と述べています。アサーションの文脈とは異なるのですが、自分や相手を大切にするとは何かを考えるとき、示唆に富んでいると考えますのでここに引用します。

## (2) 3つの自己表現

　つぎにアサーションの基礎知識として3つの自己表現について述べます。3つの自己表現とは、非主張的（ノン・アサーティブな）自己表現、攻撃的（アグレッシブな）自己表現、アサーティブな自己表現の3つのことです。ここで

は3つの自己表現の特徴を知り、アサーティブな自己表現とそうでない自己表現を区別できることが重要です。それぞれ3つのタイプの自己表現の特徴は表1に整理されていますので、そちらも参照してください。

表1　3つのタイプの自己表現の特徴一覧表

| 非主張的 | 攻撃的 | アサーティブ |
| --- | --- | --- |
| 引っ込み思案 | 強がり | 正直 |
| 卑屈 | 尊大 | 率直 |
| 消極的 | 無頓着 | 積極的 |
| 自己否定的 | 他者否定的 | 自他尊重 |
| 依存的 | 操作的 | 自発的 |
| 他人本位 | 自分本位 | 自他調和 |
| 相手まかせ | 相手に提示 | 自他協力 |
| 承認を期待 | 優越を誇る | 自己選択で決める |
| 服従的 | 支配的 | 歩み寄り |
| 黙る | 一方的に主張する | 柔軟に対応する |
| 弁解がましい | 責任転嫁 | 自分の責任で行動 |
| 「私はOKでない、あなたはOK」 | 「私はOK、あなたはOKではない」 | 「私もOK、あなたもOK」 |

出典：平木典子『改訂版アサーション・トレーニング さわやかな〈自己表現〉のために』株式会社日本・精神技術研究所、2009

　一つずつ説明していきましょう。まず、非主張的な自己表現とは「相手を優先して、自分は2の次、3の次にする」自己表現です。例えば、相手の依頼に対して、自分は断りたいと思っていたとしても、そのことを表現しないか、不十分な表現にとどまったりするものです。相手の気持ちや考えにアンテナをはっているのはプラスといえますが、自分自身の気持ちや考えの犠牲の上に成り立っている点に問題があります。

　もちろん、そのような言動をとってしまう理由があります。例えば、「他人に嫌われてはならない、嫌われることは恐ろしいことだ」、あるいは「人ともめ事をおこすのはよくないことだ」「上司のいうことには、反論してはいけない」などと強く思っていると、非主張的な言動をとりがちになるでしょう。また、相手の考えや気持ちばかりに意識が向いて、自分の気持ちや考えがよくつかめていないために、相手まかせの非主張的な言動をとることもあります。

いずれにしても、非主張的な自己表現は、お互いが相手の気持ちを察しあう関係の中では機能しますが、それは相手次第でこちらの気持ちや考えが伝わったり、伝わらなかったりすることを意味しています。そしてうまく伝わらないときは、自分が我慢して、怒りをため込み、その場の当面の解決をはかるコミュニケーションになってしまっています。

　また、ここまで非言語的な要素にはほとんど触れずに、言語的な表現の水準で説明してきましたが、実際は言語的には非主張的な内容であっても、表情や口調、身振り・態度等非言語の水準で不満等の感情を表している場合と、非言語の水準でも全く表さない場合がある点を補足しておきます。

　次の攻撃的な自己表現は、「自分を優先し、相手のことは無視あるいは軽視する」自己表現のことです。「自分の考えが一番だ」「自分の気持ちが優先されて当然だ」と思って人とコミュニケーションをとっているときは、この攻撃的な自己表現となっていることが多いでしょう。この場合も非言語的な要素である、表情や口調、態度が激しい場合はわかりやすいですが、たとえ口調は激しくなくとも、相手の発言を聞く気持ちが全くないときの表現は攻撃的な自己表現といえます。

　攻撃的な自己表現をとってしまう理由も様々です。個人の価値観として「勝ち負けにこだわり、対等であっては負けである」と強く思っている場合は攻撃的な言動をとりがちです。あるいはさきほどの非主張的な自己表現の結果の怒りを自分の中にため込んでしまったために、それがあるとき爆発して、相手に攻撃的な自己表現をとったり、別の（多くは弱い立場の）人に八つ当たりをしてしまうこともあります。さらに、親や教師が子どもに対して、「あなたにとってこうすることが一番よいはず」と強く思っている場合に、攻撃的な自己表現をとりがちとなる点に注意が必要です。

　3つめのアサーティブな自己表現は「まずは自分のことを考えるが、相手のことも十分考慮する」自己表現です。攻撃的な自己表現と比較すると、自分の気持ちや考えを率直に述べる点は共通していますが、その際、相手のことが視野に入っていて、相手の反応を待つ、あるいは相手のことを聞く姿勢をもっている点が異なります。具体的に言えば、攻撃的な自己表現では、自分が

解　説　アサーションの基礎知識

　提案をした場合、それが通って当然と考えていますが、アサーティブな自己表現は、自分の提案に対して、NOと言われる場合もあることも覚悟しての提案である点が異なります。また非主張的な自己表現と比較すると、非主張的な自己表現が自分の気持ちや考えを十分表現せずに、相手の気持ちや考えに合わせるのに対して、アサーティブな自己表現では、早めに自分の気持ちや考えを伝える点が異なります。例えば、依頼されたときに、自分としては迷っている場合はその「迷っている気持ち」を表現したり、あるいは「いつまでに返答がほしいのか」を質問したりします。

　この節の最後に3点を付け加えたいと思います。第1点は、アサーションは「堂々と自分の意見を主張する」といったことだけでなく、それと同様に「困っていたり」「迷っていたり」「助けてほしいと思っていたり」といった、自分の弱さとみられる部分の自己表現も含んでいるということです。第2点は、「アサーティブでなければならない」ということではなく、「アサーティブであってよい」ということだという点です。今の自分のコミュニケーションのあり方からスタートして、自分が変わっていきたい部分について、少しずつ変わっていきましょう、という提案です。「アサーションしない権利」もあるわけです。第3点は、アサーションは、自己変容のためのものであるということです。自分の変化によって、相手の対応が変化することはもちろんありますが、アサーションは（自分は動かず）相手を操作しようとするものではありません。

　＜引用・参考文献＞
　エーリッヒ・フロム、鈴木晶訳『愛するということ』紀伊國屋書店、1991
　沢崎俊之「アサーティブなコミュニケーションの重要性」（清水由紀編著『学校と子ども理解の心理学』金子書房）、2010
　沢崎俊之「自己表現を高めて心の通う人間関係を築く―アサーションの基本―」『心とからだの健康』2月号第17巻第2号p.9、健学社、2013
　平木典子『改訂版アサーション・トレーニング さわやかな〈自己表現〉のために』株式会社日本・精神技術研究所、2009

## 解説 2　学校現場におけるアサーション　―DESCを生かした豊かなコミュニケーションの構築―

### (1) 「チーム学校」時代のアサーションの意義

　現在、「チーム学校」ということが盛んにいわれ、他の専門職との連携や地域・保護者との協働を含んだ組織的対応が求められています。それ自体は好ましい方向性と考えられますが、「チーム学校」を実りあるものとするためには、「チーム学校」が単なる「役割分担」に終わらず、それぞれの人がそれぞれの「役割（ロール）を取る」のではなく、「役割（ロール）を生きる」ことが重要であると考えられます。すなわち、自分の思いや考えを大切にして、また子どもや同僚に対する想像力を十分に駆使した上でそれぞれの役割を果たすことによって、「チーム学校」に魂が吹き込まれるのではないでしょうか。

### (2) DESC法の基本

　ここでは標準的なDESC法を紹介しましょう。DESC法とは、アサーションの技法のひとつで、D（描写）、E（表現）、S（提案）、C（選択）といった4ステップのせりふづくりを通じて課題解決場面でのアサーティブな表現をつくりあげていくもので、バウアー夫妻（1976）が開発したものです。表2はそのDESC法を用いたやりとりの一例を示したものです（沢崎、2013）。

**表2　DESC法を用いたやりとりの例**

| |
|---|
| 状況　友達に「ジュースを買ってきて」と頼まれたけど、断りたい。<br>D：「昨日も『ジュースを買ってきて』と頼んだよね？」<br>E：「まるで君の使いっぱしりみたいに感じるよ」<br>S：「今回は自分で行ってくれないかな？」<br>C：（YESの場合：相手「わかったよ、ごめんね」）<br>　　「わかってくれてありがとう」<br>　　（NOの場合：相手「足が痛くて自分ではいけないんだよ」）<br>　　「それじゃ、あとで僕が飲みたくなったときに一緒に買ってくるのでどう」 |

少年写真新聞社『中学保健ニュース』第1568号（2013年8月28日発行）付録（沢崎作成）

第1ステップは＜D=describe：描写する＞です。ここでは、自分が問題ととらえている問題状況を相手と共有し、共通の土台・認識をつくるための描写をします。ポイントとしては何が問題状況なのかを明確にし、それをできるだけ客観的に描写することです。この少年の場合は二日連続で頼まれたことを問題と感じているため、「昨日も『ジュースを買ってきて』と頼んだよね？」とそのことを表現しています。

　第2ステップは＜E=express, explain, empathize：表現する、説明する、共感する＞です。ここでは、自分の気持ちを表現、説明します。また、相手の気持ちに共感するところがあれば、それも表現します。自分の気持ちを「自分の気持ち」として十分に表現することがポイントです。この場合「まるで君の使いっぱしりみたいに感じるよ」と自分の感じていることを率直に伝えています。

　第3ステップは＜S=specify：特定の提案をする＞です。問題状況に対しての解決案を提案します。具体的で小さな行動変容についての、明確な提案をすることがポイントです。ここでは「今回は自分で行ってくれないかな？」と相手に対して具体的な提案をしています。

　第4ステップは＜C=choose：選択する＞です。自分の提案に対して肯定的な結果と否定的な結果のそれぞれに対する自分の対応を示します。相手からNOと言われることを覚悟してその場合に備えておくことが大事です。また、相手がNOといった場合、自分がどういう行動をとるつもりかを前もって相手に示しておくことが有効な場合もあります。この例の場合では、相手がYESの場合は「わかってくれてありがとう」と言い、NOの場合は「それじゃ、あとで僕が飲みたくなったときに一緒に買ってくるのでどう」と別の提案をしています。

　このようにDESC法は自分の思い通りの結果に導く方法ではなく、相手との共通の基盤をつくった上で、自分の気持ちを表現し、相手に共感し、お互いに歩み寄り納得できる解決を目指すものです。

　くり返しになりますが、大切な点は、

ⅰ）DとEをしっかり区別した上で、それぞれ十分に表現すること、

ⅱ）Sで具体的で明確な提案をすること、

ⅲ）Cで相手からのYESとNOの両方の場合について自分なりに覚悟をし、対応を準備すること、

です。

## (3) DESCを生かすとは

　本書の実践事例では、先に示したDESC法を忠実に応用するというより、アサーションの考え方をベースにして、様々な教職員間のコミュニケーションをより豊かなものにしていくヒントを提供しようと考えました。そのため、例えばDESCのSに「相手の考えや状況をたずねる」などの質問も含め、典型的なDESC法よりは幅広い応答を採用しています。示した改善例も参考例として受け止め、自分であればどのようなDESCをつくるかを考えていただけたらと思います。

　それぞれの人は、これまで生まれ育った環境の中でおのずとつくられた自分独自の色メガネを通してこの世界を認識しています。それぞれの人のものの見方・考え方のどちらが正しいかを争うのではなく、お互いの思い・考えを聴きあい、伝えあうことでお互いに変化しつつ共存していく、そういった豊かなコミュニケーションの構築に向けて、アサーションのDESC法を役立てていただけたらと思っています。

＜引用文献＞

Bower S. A., Bower G. H. "Asserting Yourself A Practical Guide for Positive Change" Da Capo Press, 1976

沢崎俊之「自分の思いを伝えるアサーション・トレーニング第2回DESC法を生かしたコミュニケーション」少年写真新聞社『中学保健ニュース』第1568号（2013年8月発行）付録

実践 I
# 問題に対応する事例

## 1　急な予定変更

**事例1**　夏季休業中の研修日の変更を求められた事例

A先生

> 研修日を変更して欲しいのだけれど。

**事例概要**　夏季休業中に予定していた研修の日に出張者が多いため、研修が成り立たないと考えた教務主任のA先生は、研修の担当者であるB先生に日時の変更をお願いしました。しかし、B先生は、出張等で予定がつまっており、研修日を変更するには家族旅行の予定を変更しなければなりません。

⬇

> この日以外は無理です！
> それならもっと早く言ってくださいよ！

B先生

[ 当事者の気持ち ]

そんなこと言われても都合がつかないし、こっちにも家族との予定があるんだから。今頃何言っているのだろう。そんなの無理に決まっている。

[ 予想される結果 ]

B先生は、A先生から融通の利かない人だと思われるようになりました。

> …（家族旅行を予定していたのに…）
> 分かりました…いいですよ。

B先生

[ 当事者の気持ち ]

家族旅行の予定があるので本当は無理なんだけど、言ってもどうせ無理だろうから、仕方がないか。また家族に怒られるなぁ。

[ 予想される結果 ]

B先生は、家族旅行に参加できずA先生のことを恨みました。

1 急な予定変更

さて、A先生の発言に改善の余地はあるのでしょうか？
「アサーションのDESCを生かした会話例」
を以下に示しましたので、参考にしてください。

### A先生の発言がアサーティブになると…

**A先生**：「夏休み中の校内研修は8月3日と予定を立てたけど、その日は出張の先生が4名いるんだ。」（**D**）
「うちの学校にとって**大事な研修なので、なるべく多くの先生に出席してもらいたい**と考えているんだ。B先生も**夏休み中は出張等で予定がつまっているとは思うんだけど。**」（**E**）
「別の日程に変更してもらうことは可能かなぁ？」（**S**）

**B先生**：「出張や研修のない日は、家族旅行を予定しており、既に宿も予約していますので、変更するのは難しいと思います。すみません。」

**A先生**：「分かりました。こちらこそ無理を言ってすみません。ぜひ、家族との時間を大切にして、旅行を楽しんできてください。」（**C**）

**B先生**：「ありがとうございます。お役に立てず、すみません。」

### アサーティブになるポイント

- A先生は、(E)で「**大事な研修なので、なるべく多くの先生に出席してもらいたいと考えているんだ。B先生も夏休み中は出張等で予定がつまっているとは思うんだけど。**」と自分の気持ちを表現し、相手への共感を示しています。

実践Ⅰ　問題に対応する事例

一方、B先生は、A先生の声かけに対してどんなコミュニケーションをとればよかったでしょうか？　攻撃的でも非主張的でもない「アサーションのDESCを生かした会話例」を以下に示しましたので、参考にしてください。

### B先生の発言がアサーティブになると…

 **A先生**：「研修日を変更して欲しいのだけれど。」

 **B先生**：「研修日の変更ですね。」（**D**）
「今年は、出張が多いので、出張や研修のない日は家族旅行を予定しており、既に宿も予約していますので、今からだと変更するのは難しいと思います。」（**E**）
「できれば、計画どおりの日程で開催していただけるとありがたいのですが。いかがでしょうか？」（**S**）

 **A先生**：「分かりました。こちらこそ無理を言ってごめんなさい。検討してみます。」

 **B先生**：「よろしくお願いします。」（**C**）

**アサーティブになるポイント**

- B先生は、（**S**）で「できれば、計画どおりの日程で開催していただけるとありがたいのですが。いかがでしょうか？」と相手からNOと言われることも想定して提案しています。

| 事例 2 | 日番(退勤時の校舎の鍵締め当番)の交代を求められた事例 |

 A先生「今日は急に用事が入ってしまったので、日番を代わってくれる?」

**事例概要** ある日、B先生は、先輩教員のA先生に、急用のため日番(退勤時の校舎の鍵締め当番)を交代してほしいと言われました。しかし、B先生もその日は友人と会う約束があって、定時に退勤したいと考えています。

↓

「えー!? そんなの嫌ですよ! 私だって用事があるんですから!」  B先生

[ 当事者の気持ち ]
急に言われても困る。A先生に急用ができてしまったことはA先生に責任はないかもしれないが、私にだって用事がある。先輩の頼みを何でもかんでも受け入れなければならない筋合いなんてない。

[ 予想される結果 ]
B先生は、A先生から「生意気だ」と思われるようになりました。

「あ、はい…分かりました…いいですよ?」  B先生

[ 当事者の気持ち ]
困るけど、A先生の急な用事だから仕方がない。もし日番を断ったら、A先生はきっと気を悪くして今後頼み事をしても聞いてくれなくなるだろう。それにしても…このあと友人と連絡がうまく取れるかどうか不安だ。

[ 予想される結果 ]
この日友人に会えなかったB先生は、A先生を恨むようになりました。

実践Ⅰ　問題に対応する事例

　　　　　さて、A先生の発言に改善の余地はあるのでしょうか？
　　　　　　　　「アサーションのDESCを生かした会話例」
　　　　　を以下に示しましたので、参考にしてください。

## A先生の発言がアサーティブになると…

**A先生**：「今日は私が日番なんだけど、急に用事が入って、定時に学校を出ないと間に合わない状況になってしまったんだ。」（**D**）

「その急用はどうしても行かなくてはならないので、とても困ってしまっているんだ。」（**E**）

「今日の今日のお願いで無理かもしれないけど、日番を代わってくれる？」（**S**）

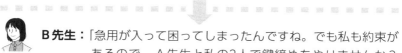

**B先生**：「急用が入って困ってしまったんですね。でも私も約束があるので、A先生と私の2人で鍵締めをやりませんか？少し早いですが今から一緒に鍵締めに回ればお互いに定時退勤できますよ。」

**A先生**：「ありがとう。そうしてもらえると助かるよ。じゃあ今度、B先生が日番の日には私も一緒に手伝うからね。」（**C**）

> アサーティブになるポイント

・A先生は、（**E**）で「その急用はどうしても行かなくてはならないので、とても困ってしまっているんだ。」と自分の気持ちを表現しています。

1　急な予定変更

一方、B先生は、A先生の声かけに対してどんなコミュニケーションをとればよかったでしょうか？　攻撃的でも非主張的でもない「アサーションのDESCを生かした会話例」を以下に示しましたので、参考にしてください。

**B先生の発言がアサーティブになると…**

**A先生**：「今日は急に用事が入ってしまったので、日番を代わってくれる？」

**B先生**：「実は、**私も今日は定時に退勤しないと、友人との約束に間に合わないんです。**」（**D**）
「A先生が困っているのにお力になれずに申し訳ございません。」（**E**）
「他の先生に日番を代わってもらえないか、教頭先生に相談してみてはどうでしょうか？」（**S**）

⬇

**A先生**：「B先生も約束があるんじゃ仕方ないね。じゃあ、教頭先生に相談する前に、まずはC先生に頼んでみるよ。」

**B先生**：「本当に申し訳ございません。用事がないときは喜んで交代しますので、これからも何かあったらおっしゃってください。」（**C**）

---

**アサーティブになるポイント**

・B先生は、（D）で「私も今日は定時に退勤しないと、友人との約束に間に合わないんです。」と、相手との共通の基盤を作っています。

17

実践Ⅰ　問題に対応する事例

### 事例3　急な電話対応で打ち合わせの時間に遅れてしまった事例

A先生

> B先生、遅いじゃないですか！　修学旅行の打ち合わせがあることを忘れていたのですか？

**事例概要**
修学旅行の前日、生徒引率を担当する2学年全教員と旅行会社との直前の打ち合わせが行われる予定となっていました。しかし、開始時刻になっても、1組担任のB先生の姿が見えません。B先生は、学校に来た外部からの電話に対応していたため、打ち合わせに15分ほど遅れてしまったのです。学年主任のA先生は、遅れたことについてB先生に詰問しました。

---

> そんな言い方をしないでください！　こちらにも遅れた理由があるんです！　何も知らないのに勝手なことを言わないでください！

B先生

**［当事者の気持ち］**
遅れる理由があってのことなのに、人の話も聞かず頭ごなしに「忘れていた」と決めつけるなんてひどい！　忘れるわけないじゃない。電話が終わって急いで打ち合わせに駆けつけたのに、あんな言い方をするなんて許せない！

**［予想される結果］**
B先生は怒って部屋から出て行き、打ち合わせに参加しませんでした。

---

> あ…いえ…そのー、申し訳ございません。

B先生

**［当事者の気持ち］**
外部からの電話対応で遅れてしまったのにそんな言い方ないんじゃないの？　でも、遅れたことは事実だからなぁ…。言い訳をしたいところだけど言いにくい雰囲気だし…ここは謝っておこうか。

**［予想される結果］**
B先生は、修学旅行中ずっと嫌な気持ちで過ごしました。

1 急な予定変更

さて、A先生の発言に改善の余地はあるのでしょうか？
「アサーションのDESCを生かした会話例」
を以下に示しましたので、参考にしてください。

### A先生の発言がアサーティブになると…

 **A先生：**「B先生、いらっしゃいましたね。今日は16時から旅行会社の方との直前打ち合わせということでしたね。」（**D**）
「重要な確認が多いので、全員そろってから始めたかったのですが、5分待っても先生がいらっしゃらなかったので、B先生には申し訳なかったのですが、先に始めてしまいました。」（**E**）
「何か事情がおありだったのでしょうね？」（**S**）

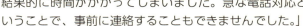

 **B先生：**「そうなんです！　打ち合わせに向かおうと思ったら外線電話が入ってしまい…早めに切ろうと思ったのですが、結果的に時間がかかってしまいました。急な電話対応ということで、事前に連絡することもできませんでした。」

 **A先生：**「そういう事情じゃ仕方ないですね。」（**C**）

 **B先生：**「でも先生方にご心配おかけしてしまってすみませんでした。」

**アサーティブになるポイント**

- A先生は、（**S**）で「何か事情がおありだったのでしょうね？」と相手の事情を確認する質問をしています。

実践Ⅰ　問題に対応する事例

一方、B先生は、A先生の声かけに対してどんなコミュニケーションをとればよかったでしょうか？　**攻撃的でも非主張的でもない「アサーションのDESCを生かした会話例」**を以下に示しましたので、参考にしてください。

### B先生の発言がアサーティブになると…

**A先生：**「B先生、遅いじゃないですか！　修学旅行の打ち合わせがあることを忘れていたのですか？」

**B先生：**「すみません。15分遅れてしまいました。」
「でも打ち合わせがあることを忘れていたわけではないんです。」（**D**）
「実は、打ち合わせに向かおうと思ったら外線電話が入ってしまい…**急な電話対応ということで、事前に連絡することができませんでした。大変申し訳ございません。**」（**E**）
「急な電話対応だったので、ご容赦いただけませんか。」（**S**）

⬇

**A先生：**「そういう事情だったのですね。よく分からずに『忘れていた』と決めつけてしまって…私の方こそ申し訳ない。」

**B先生：**「いえいえ、事情をご理解いただければ結構ですよ。」（**C**）

---

**アサーティブになるポイント**

・B先生は、（E）で「急な電話対応ということで、事前に連絡することができませんでした。大変申し訳ございません。」と自分の気持ちを表現しています。

### 事例 4　部活動の練習試合の引率を先輩教員から依頼された事例

A先生

> 明日の土曜日の練習試合の引率だけれど、都合がつかなくなったので、私の代わりに引率をお願いできる？

**事例概要**　B先生は、先輩のA先生が設定したバドミントン部の練習試合について、生徒の引率を依頼されました。できれば断りたいと思っていますが、教師が引率しなければ練習試合そのものが実施できなくなり、困っています。

---

> それは、無理です。急に言われてもできません。

B先生

[ 当事者の気持ち ]
急に頼まれてもこっちにも都合がある。私を暇な人だと思っているのかしら。

[ 予想される結果 ]
B先生は、A先生から、人が困っていても助けてくれない教師と思われてしまいました。

> 分かりました。…いいです。

B先生

[ 当事者の気持ち ]
明日は特に予定はないけれど、引率は気が重いなぁ。でも私が断ると試合ができなくなるし、先輩も困っているようだし。引き受けるしかないのかな。

[ 予想される結果 ]
B先生は、慣れない引率で気を遣って疲労感を覚え、急に頼みごとをしてきたA先生と距離を置くようになり、関係が崩れました。

実践Ⅰ　問題に対応する事例

さて、A先生の発言に改善の余地はあるのでしょうか？
「アサーションのDESCを生かした会話例」
を以下に示しましたので、参考にしてください。

### A先生の発言がアサーティブになると…

**A先生**：「明日の土曜日のバドミントン部の練習試合のことなんだけど。」
「私が引率するつもりで第一中学校との練習試合の日程を決めたんだけど、急用で都合が悪くなってしまったの。」（**D**）
「**このままだと練習試合自体もできなくなってしまうので、困っているの。**急なお願いで心苦しいんだけど。」（**E**）
「私の代わりに練習試合の引率に行くことは可能かしら？」（**S**）

**B先生**：「急な依頼ですね。明日は、特に用事もないので大丈夫ですが、私が引率しても技術的な指導はできませんが、それでもよろしいでしょうか。」

**A先生**：「ありがとう、助かるわ。技術的なことについては、相手チームの先生からも指導してもらえると思うし、心配しないで大丈夫です。」（**C**）

> アサーティブになるポイント

- A先生は、（E）で「このままだと練習試合自体もできなくなってしまうので、困っているの。」と自分の気持ちを表現しています。

一方、B先生は、A先生の声かけに対してどんなコミュニケーションをとればよかったでしょうか？　攻撃的でも非主張的でもない「アサーションのDESCを生かした会話例」を以下に示しましたので、参考にしてください。

**B先生の発言がアサーティブになると…**

**A先生：**「明日の土曜日の練習試合の引率だけれど、都合がつかなくなったので、私の代わりに引率をお願いできる？」

**B先生：**「明日の練習試合の引率ですか。」（**D**）
「私は、バドミントンの経験もありませんし、引率しても的確な指導はできないと思うのです。」（**E**）
「明日の練習試合は残念ですが、キャンセルして先生が引率できる日に変更していただいてはどうでしょうか。」（**S**）

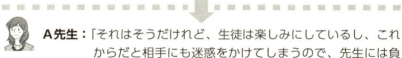

**A先生：**「それはそうだけれど、生徒は楽しみにしているし、これからだと相手にも迷惑をかけてしまうので、先生には負担をかけてしまうけど、お願いできないかしら。」

**B先生：**「分かりました。明日は特に予定もないので、引率だけでよければ、行くことは可能です。」（**C**）

**A先生：**「ありがとう。とても助かります。」

**アサーティブになるポイント**

・B先生は、（**C**）で「分かりました。明日は特に予定もないので、引率だけでよければ、行くことは可能です。」と、相手の発言を受け止めて自分のとる行動を変えようとしています。

実践Ⅰ　問題に対応する事例

### 事例5　突然、学校医から健診日程の変更を求められた事例

A学校医

> 教育委員会から就学時健康診断の日程が届いたけど、この日は都合が悪いよ。

**事例概要**　就学時健康診断は、各科の医師が一堂に集まり行います。日程は、学校の行事予定と照らし合わせて教育委員会に第5希望まで申し出て、後日教育委員会から実施日が通知されます。B養護教諭は、A学校医がとても憤慨している声だったので、びっくりしました。

> そうですか。教育委員会が決めた日程なので、教育委員会に言ってください。

B養護教諭

[ **当事者の気持ち** ]

こわい声。医師への事前確認は教育委員会でやってくれてるはずじゃないの？私だって学校行事担当者と調整して、やっと第5希望まで日程を空けてもらったのに（それだって結構大変だった。私の責任じゃないわ）。

[ **予想される結果** ]

A学校医が教育委員会に電話し、別の医師が派遣されることになりました。以降、学校とA学校医との関係が悪化しました。

> それは大変申し訳ありませんでした。日程が変更できるか、教育委員会や他の学校医さんに連絡してみます。

B養護教諭

[ **当事者の気持ち** ]

あー大変どうしよう。とりあえず謝っておこう。困ったなぁ。まず校長に話して、教育委員会に伝えてもらって、各学校医さんに連絡して…あー今からじゃあ無理かも。

[ **予想される結果** ]

学校医全員の日程を変更できず、教育委員会が、他の医師を派遣することになりました。以降、学校とA学校医との関係が悪化しました。B養護教諭は日程調整と人間関係に疲れて、病気休暇をとることになってしまいました。

さて、B養護教諭はどんなコミュニケーションをとればよかったでしょうか？
**攻撃的でも非主張的でもない「アサーションのDESCを生かした会話例」**
を以下に示しましたので、参考にしてください。

### B養護教諭の発言がアサーティブになると…

**A学校医**：「教育委員会から就学時健康診断の日程が届いたけど、この日は都合が悪いよ。」

**B養護教諭**：「この日は終日ご予定があるのでしょうか、それとも空き時間はおありでしょうか？」（**D**）

「もし空き時間がおありでしたら、時間帯を調整してみたいと思います。ご心配をおかけして申し訳ありません。**来年度入学し、6年間お世話になる子どもたちの様子をぜひ学校医のA先生に診ていただき、指導助言をいただきたいのです。**」（**E**）

「次年度からは学校で希望日を選択する前に先生方にご相談させていただくということをお約束し、何とか今年はこの日程で実施させていただけないでしょうか。当日の健診の順番を入れ替え、一番最後の順番にすると20分ほど遅く開始になるのですがいかがでしょうか？」（**S**）

**A学校医**：「開始時刻を遅らせてくれるなら、何とか間に合うかもしれない。こちらも調整してみよう。」

**B養護教諭**：「ありがとうございます。当日の健診の順番を入れ替えて、開始時刻を遅らせていただきます。」（**C**）

**アサーティブになるポイント**

- B養護教諭は、（E）で「来年度入学し、6年間お世話になる子どもたちの様子をぜひ学校医のA先生に診ていただき、指導助言をいただきたいのです。」と自分の気持ちを表現しています。

## 2　提出期限

### 事例 6　健康観察簿を遅れて出す事例

A養護教諭

> どうして期限を守れないの?!

**事例概要**　インフルエンザや胃腸炎が流行っている時期に、A養護教諭は児童の健康状況を速やかに把握し、管理職に相談して対策を練りたいと考えています。学級担任に、1時間目の休み時間までに健康観察簿を保健室へ提出するよう求めました。しかし、B先生は、児童対応や授業準備のため何回か提出が遅れてしまい、A養護教諭に責められることとなりました。

⬇

> 忘れていたわけじゃありません!
> 朝は忙しくて!　仕方ないじゃないですか!

B先生

[ **当事者の気持ち** ]
時間を守ろうとしていないわけじゃない。どうしても守れない事情があるのに、全く頭が固いんだから。

[ **予想される結果** ]
B先生は、A養護教諭から時間にルーズで自分勝手な人だと思われるようになりました。

> …(ここで理由を言ってもきっと
> 分かってもらえない。)…すみません。

B先生

[ **当事者の気持ち** ]
ああ、ちゃんと理由を伝えられなかった。どうして自分は言えないのだろう。

[ **予想される結果** ]
B先生は、すっかり自信をなくしてしまいました。

2 提出期限

さて、A養護教諭の発言に改善の余地はあるのでしょうか？
「アサーションのDESCを生かした会話例」
を以下に示しましたので、参考にしてください。

### A養護教諭の発言がアサーティブになると…

 **A養護教諭：**「健康観察簿は1時間目の休み時間までに提出するようにお願いしましたが、ここ3回の提出が2時間目以降でしたよね。」（**D**）
「今インフルエンザや胃腸炎が流行っているので、私としても速やかに児童の状況を把握し、管理職と相談して対策を練りたいと思っています。」（**E**）
「何とか協力してもらえませんか？」（**S**）

↓

**B先生：**「先生にご迷惑をおかけし、すみませんでした。」
「1時間目の休み時間までに提出できなかった日は、子ども同士のけんかの対応や授業の準備に追われていました。」
「これからは、朝確実に健康観察をして、必ず1時間目の休み時間までに健康観察簿を保健室に届けるようにしたいと思います。」

 **A養護教諭：**「それでは、よろしくお願いします。」（**C**）

 **B先生：**「がんばります。」

**アサーティブになるポイント**

・A養護教諭は、（E）で「今インフルエンザや胃腸炎が流行っているので、私としても速やかに児童の状況を把握し、管理職と相談して対策を練りたい」と自分の気持ちを表現しています。

実践Ⅰ　問題に対応する事例

一方、B先生は、A養護教諭の声かけに対してどんなコミュニケーションをとればよかったでしょうか？　攻撃的でも非主張的でもない「アサーションのDESCを生かした会話例」を以下に示しましたので、参考にしてください。

**B先生の発言がアサーティブになると…**

 **A養護教諭：**「どうして期限を守れないの？！」

 **B先生：**「1時間目の休み時間までに提出できなかった日は、子ども同士のけんかの対応に追われていました。」（**D**）
「提出が遅くなってしまい、すみませんでした。」（**E**）
「これからは、突発的なことが起きても朝の会で必ず健康観察を行い、その後すぐに保健係が健康観察簿を届けるようにしていきたいと思います。」（**S**）

 **A養護教諭：**「分かりました。よろしくお願いします。」

 **B先生：**「はい。がんばります。」（**C**）

**アサーティブになるポイント**

- B先生は、（S）で「これからは、突発的なことが起きても朝の会で必ず健康観察を行い、その後すぐに保健係が健康観察簿を届けるようにしていきたいと思います。」と具体的な提案をしています。

## 事例 7　教育委員会への提出物を翌日までに提出するよう催促された事例

A教頭：以前職員会議で説明しておいた書類をいま配りました。明日までに提出するように!

**事例概要**　A教頭は、7月初めの職員会議で全職員に教育委員会への提出物について説明をし、提出期日も伝えました。しかし、その書類を職員に配り忘れていました。教育委員会への提出期日3日前になって配り忘れていたことに気づき、慌てて書類を配布し、翌日の提出を求めました。学期末の忙しい中、翌日に提出することは職員にとって困難な状況です。

---

今日配布して明日って言うのは無理ですよ!!　まだ日があるんだから、明後日までに提出すれば大丈夫ですよね?!　B先生

**当事者の気持ち**
確かに説明はされていたけれど、書類を配られていなかったのだから、今日の明日って言うのは無理よ。だって、学期末の仕事が山ほどあるし。A教頭はこの状況を分かっていない。

**予想される結果**
B先生は、A教頭から面倒な人だと思われるようになりました。

…はい。（明日までか…。どうしよう、終わるかな。…他の先生方も提出するだろうからやらなくちゃ。）　B先生

**当事者の気持ち**
説明されて分かっていたのに、やらなかった自分が悪い。学期末の仕事や、明日の授業の準備もしなければならないけれど、今日21時ぐらいまでやればできるかな。

**予想される結果**
B先生は残って書類を作成し、帰宅が23時を回ってしまいました。

実践Ⅰ　問題に対応する事例

さて、A教頭の発言に改善の余地はあるのでしょうか？
「アサーションのDESCを生かした会話例」
を以下に示しましたので、参考にしてください。

**A教頭の発言がアサーティブになると…**

**A教頭：**「7月初めの職員会議で説明した提出書類を先生方に配り忘れていたことに、期限3日前の今日になって気がつきました。」（**D**）
「私が配布し忘れたしわ寄せが先生方にいってしまうのは大変心苦しいです。」
「本当は、明日までに提出していただいて、確認したいところなのですが、先生方の仕事の状態を考えるとそれは難しいと思います。」（**E**）
「そこで、なんとか明後日の朝までに提出していただきたい。よろしくお願いします。」（**S**）

⬇

**B先生：**「A教頭先生が以前おっしゃっていた、あの書類ですね。」
「7月にA教頭先生から説明していただいていたのに、私たちもすっかり忘れていました。」
「明後日の朝までなら何とかなりそうです。」

**A教頭：**「よろしくお願いします。」（**C**）

**アサーティブになるポイント**

・A教頭は、（D）で「7月初めの職員会議で説明した提出書類を先生方に配り忘れていたことに、期限3日前の今日になって気がつきました。」と、問題状況を共有してもらう表現をしています。

一方、B先生は、A教頭の声かけに対してどんなコミュニケーションをとればよかったでしょうか？ 攻撃的でも非主張的でもない「アサーションのDESCを生かした会話例」を以下に示しましたので、参考にしてください。

**B先生の発言がアサーティブになると…**

**A教頭**：「以前職員会議で説明しておいた書類をいま配りました。明日までに提出するように！」

**B先生**：「あの書類ですね。**7月にA教頭先生から説明していただいていたのに、私たちもすっかり忘れていました。明日までに提出とのことですが、今日の放課後、どうしてもやらなければならない仕事があります。**」（**D**）
「提出を明後日の朝にしていただければ、何とかなりそうなのですが。」（**E**）
「A教頭先生、いかがでしょうか？」（**S**）

↓

**A教頭**：「分かりました。では、先生方、明後日の朝までに提出お願いします。」

**B先生**：「はい。今日はまず、学期末の事務を優先し、この書類は明日がんばって作成します。」（**C**）

**アサーティブになるポイント**

- B先生は、（D）で「7月にA教頭先生から説明していただいていたのに、私たちもすっかり忘れていました。明日までに提出とのことですが、今日の放課後、どうしてもやらなければならない仕事があります。」と問題状況を共有する表現をしています。

実践Ⅰ　問題に対応する事例

## 事例8　研究授業の指導案の提出が締切に間に合わないと初任者から言われた事例

A先生：部活動指導や校務分掌の仕事で忙しくて…指導案がまだ全然できていません。申し訳ございません！

**事例概要**　新任で採用されたA先生は、初任者研修の一環で初めての研究授業を行うことになりました。初任者の研修指導を担当するB先生は、研究授業の指導案を前々日までに提出するようA先生に伝えてありましたが、締切日に、A先生が「まだ全然できていない。」と泣きそうな表情で打ち明けました。

⬇

え？　前から伝えてあったのに指導案が全然できていないなんて…。部活や校務で忙しかったとは言い訳にならないよ！　　B先生

[ **当事者の気持ち** ]

前から伝えてあったのにできていないなんて考えられない！　研究授業は指導者である私の指導力も問われているんだ。こんなことが校長や教頭に知れたら私が怒られて困るじゃないか。

[ **予想される結果** ]

A先生はこの件が引き金になって、心身を壊し辞職してしまいました。

あ、忙しかったんだね…。
いいよ、いいよ、全然気にしなくても…。　　B先生

[ **当事者の気持ち** ]

本当は全然いいわけがないよ…。指導案なんてベテランの私だったら簡単に作れるのに。でも、そのことを注意したら今のご時世「パワハラ」って訴えられるし、A先生と私との関係が悪くなるかもしれないな。

[ **予想される結果** ]

A先生は、この後も、提出すべき文書の締切を守らなくなりました。

さて、A先生の発言に改善の余地はあるのでしょうか？
「アサーションのDESCを生かした会話例」
を以下に示しましたので、参考にしてください。

### A先生の発言がアサーティブになると…

**A先生**：「指導案は今日提出するお約束でしたが、まだ半分もできていません。」（**D**）
「もちろん締切日は先生からも確認されて知っていたのですが、部活動指導や校務分掌の仕事で忙しくて…**やらなくちゃと思っても体が動きませんでした。大変申し訳ございません。**」（**E**）
「もう一日待っていただけますでしょうか？」（**S**）

**B先生**：「明日までってこと？　部活指導とかも大変だから無理して体を壊してしまわないか心配だけど…大丈夫？」

**A先生**：「今日の部活は副顧問のC先生にお願いしたので大丈夫です！　今から頑張ります！」（**C**）

**B先生**：「そうか…じゃああまり無理しすぎないようにしてね。」

**A先生**：「はい、大丈夫です。お気遣いいただきありがとうございます。」（**C**）

> アサーティブになるポイント

・A先生は、（E）で「やらなくちゃと思っても体が動きませんでした。大変申し訳ございません。」と、自分の状況・気持ちを表現しています。

実践Ⅰ　問題に対応する事例

一方、B先生は、A先生の声かけに対してどんなコミュニケーションをとればよかったでしょうか？　攻撃的でも非主張的でもない「アサーションのDESCを生かした会話例」を以下に示しましたので、参考にしてください。

### B先生の発言がアサーティブになると…

**A先生：**「部活動指導や校務分掌の仕事で忙しくて…指導案がまだ全然できていません。申し訳ございません！」

**B先生：**「指導案は今日までに提出ということになっていましたよね？」（**D**）
「指導案に限らず他の文書でもそうだけど、忙しくて提出期限に間に合わないときは、今度から事前に相談してほしいな。」（**E**）
「で、今度の研究授業の指導案なんだけど、**とりあえず骨子だけでも明日の朝までに作れるかな？**」（**S**）

**A先生：**「わかりました。骨子だけならなんとか頑張れます！」

**B先生：**「朝までに骨子ができれば、何か不適切なところがあってもそこで修正できるし、そのあと完成版を作る時間も作れるだろうから…。忙しい中大変だけどよろしくね。」（**C**）

**A先生：**「お気遣いありがとうございます。これからは何か困ったことがあったら事前にB先生に相談しますので、よろしくお願いします。」

**アサーティブになるポイント**

- B先生は、（**S**）で「とりあえず骨子だけでも明日の朝までに作れるかな？」と、**具体的な提案をしています。**

| 事例 9 | 教育委員会への提出文書の作成状況を確認された事例 |

A教頭

B先生、この前お願いした『不登校・中途退学者状況調査』の回答はもうできましたか？ なるべく早く教育委員会に回答したいんですけど…。

**事例概要** 生徒指導主任のB先生は、教育委員会に提出する「不登校・中途退学者状況調査」の回答作成に追われていました。B先生の勤務する高校では、不登校生徒や中途退学者が比較的多いため、作業に時間がかかりイライラしています。そこへ、A教頭が作業の進捗状況を確認しようとB先生に声をかけました。

今やっているところです！ 一生懸命やっているのに焦らせるようなことを言わないでくださいよ！

B先生

[ **当事者の気持ち** ]
そんなこと言われなくても分かっているよ！ 毎日の生徒対応に追われる中、資料作りの時間をひねり出してやっているのが分からないのか。一生懸命やっているときにそんな言われ方をしたら逆にやる気がなくなるよ…。

[ **予想される結果** ]
激怒したB先生は、回答作成を途中で投げ出して帰ってしまいました。

はい…いつも仕事が遅くて申し訳ございません…。

B先生

[ **当事者の気持ち** ]
精一杯やってはいるが、こんなに時間がかかるものとは思っていなかった。やっぱり自分の仕事が遅いのかなぁ。A教頭は私のことを「仕事の遅い役に立たない主任だ」って思っているに違いない。まったく自分が情けない…。

[ **予想される結果** ]
ますます自信をなくしたB先生は、病気休暇に入ってしまいました。

実践Ⅰ　問題に対応する事例

さて、A教頭の発言に改善の余地はあるのでしょうか？
「アサーションのDESCを生かした会話例」
を以下に示しましたので、参考にしてください。

### A教頭の発言がアサーティブになると…

**A教頭**：「先日お願いした『不登校・中途退学者状況調査』の回答の件です。」（**D**）
「うちの学校は件数も多いし、B先生は生徒指導主任として毎日がんばっているので、今、どんな状況かと気になっていまして。忙しい中本当に申し訳ないんですけど、私としてはできれば、期限ぎりぎりでなくなるべく早く教育委員会に回答できたらと思っているんです。」（**E**）
**「今、どんな状況なのか、教えてもらえます？」**（**S**）

**B先生**：「ご心配をおかけして申し訳ございません。いかんせん件数が多いのでまとめるのに時間がかかっています。」

**A教頭**：「そうですよね、でも生徒指導が大変な中、ちゃんと計画的に作業を進めてくれていたので安心しました。ありがとう。」（**C**）

**B先生**：「いえいえ！　こちらこそ遅くなってすみません。」

**A教頭**：「あまり無理しないで、何か手伝うことがあったら言ってください。」（**C**）

**アサーティブになるポイント**

- A教頭は、（S）で「今、どんな状況なのか、教えてもらえます？」と相手の状況を尋ねる質問をしています。

一方、B先生は、A教頭先生の声かけに対してどんなコミュニケーションをとればよかったでしょうか？ 攻撃的でも非主張的でもない「アサーションのDESCを生かした会話例」を以下に示しましたので、参考にしてください。

**B先生の発言がアサーティブになると…**

A教頭：「B先生、この前お願いした『不登校・中途退学者状況調査』の回答はもうできましたか？ なるべく早く教育委員会に回答したいんですけど…。」

B先生：「その件ですけれど、今まとめている最中です。大体7割くらいできています。」（**D**）
「できれば**早く回答したいのは私も同じですが、**うちの学校は不登校も中途退学も数が多いので、**回答作業に思いのほか時間がかかってしまっています。**私もがんばりますので。」（**E**）
「明日の朝までに教頭先生に提出するということでもよいでしょうか？」（**S**）

A教頭：「あ、そうですよね…」
「B先生が大変な思いをしながら作業をしているのに焦らせるような言い方をしてごめんね。」

B先生：「分かっていただけてよかったです。こちらこそご心配をおかけしてすみませんでした。」（**C**）

A教頭：「あまり無理しないで、何か手伝うことがあったら言ってください。」

**アサーティブになるポイント**

・B先生は、（E）で「早く回答したいのは私も同じですが、」「回答作業に思いのほか時間がかかってしまっています。」と自分の気持ち・状況を表現しています。

## 3 仕事上のミス

**事例 10　社会科見学の施設予約をし忘れていた事例**

A教頭：来月の社会科見学で行く予定の施設に確認したら、予約が入っていないとのことらしいけれど、予約したよね？　大丈夫かい?!

**事例概要**　学年主任のB先生は、年度当初の職員会議終了後、A教頭から、社会科見学で県の施設を見学するならば、すぐに電話で予約するようにと言われていました。しかし、B先生は予約するのをすっかり忘れていました。さらには、予約の電話を入れるように言われたことさえ忘れていました。

↓

何のことですか？　そんなこと聞いていません。私が予約するんですか？　教頭先生がするんじゃないですか？

B先生

[ 当事者の気持ち ]
そんなことを言われた覚えはない。確かに社会科見学はあるが、施設の予約まで依頼された記憶はない。私は悪くない。それは、私の仕事ではない。

[ 予想される結果 ]
B先生は、A教頭とそのやりとりを聞いている職員たちから信頼を失いました。

…（えっ、何のこと?)
えっと…予約…ですか？

B先生

[ 当事者の気持ち ]
いったい何のこと？　きっと私がA教頭先生からの指示を忘れているんだ。どうしたらよいのだろう。学年のみんなに迷惑をかけてしまった。学年主任としてやっていく自信がないな。

[ 予想される結果 ]
B先生は、学年主任としての役割にすっかり自信をなくしてしまいました。

3 仕事上のミス

さて、A教頭の発言に改善の余地はあるのでしょうか？
「アサーションのDESCを生かした会話例」
を以下に示しましたので、参考にしてください。

**A教頭の発言がアサーティブになると…**

**A教頭**：「来月の社会科見学で行く予定の施設を見学する場合は、電話で予約するように年度当初に言ってあったはずだけど。さっき旅行会社から問い合わせがあって、施設に確認したら、予約が入ってないらしいとのことなんだ。」（**D**）
「大丈夫かなぁと心配になって確かめたいんだけど。」（**E**）
「予約したよね？」（**S**）

**B先生**：「えっ？　予約ですか？！　私が予約することになっているのでしたっけ？！」

**A教頭**：「4月3日の職員会議の終了後、B先生に予約するように伝えたのだけれど、忘れてしまったかな？」（**C**）

**B先生**：「…あっ、思い出しました。教頭先生すみません。すっかり忘れてしまい、まだ予約をしていません。今すぐに施設に電話をしてみます。その後、結果を報告させてください。」

**アサーティブになるポイント**

- A教頭は、（E）で「大丈夫かなぁと心配になって確かめたいんだけど。」と自分の気持ちを表現しています。

実践Ⅰ　問題に対応する事例

一方、B先生は、A教頭の声かけに対してどんなコミュニケーションをとればよかったでしょうか？　攻撃的でも非主張的でもない「アサーションのDESCを生かした会話例」を以下に示しましたので、参考にしてください。

**B先生の発言がアサーティブになると…**

**A教頭**：「来月の社会科見学で行く予定の施設に確認したら、予約が入っていないとのことらしいけれど、予約したよね？　大丈夫かい？！」

**B先生**：「教頭先生、施設への予約ですか？」（**D**）
「それは、私が予約することになっていたのでしたっけ。すっかり忘れていました。声をかけてくださりありがとうございました。気付いてよかったです。」（**E**）
「**早速電話をしてみます。その後、教頭先生に結果を報告させていただいてもよろしいでしょうか。**」（**S**）

**A教頭**：「分かりました。まずは、施設に電話をしてください。」

**B先生**：「はい。」（**C**）

**アサーティブになるポイント**

- B先生は、（S）で「早速電話をしてみます。その後、教頭先生に結果を報告させていただいてもよろしいでしょうか。」と具体的な提案をしています。

## 3 仕事上のミス

### 事例 11　生徒出席簿の記入ミスについて確認を受けた事例

A先生：B先生、C君は欠席の連絡があったのですが、出席簿では出席扱いになっています。C君は今日授業に出ていませんでしたよね？

**事例概要**　A先生が、担任しているクラスの出欠状況を確認しようと出席簿を見ると、数学の授業の時間だけ、この日欠席の連絡が入っているC君が出席扱いになっていました。A先生は、数学担当のB先生にC君の出欠の有無について確認しようと声をかけました。

---

欠席連絡が入っていたのなら、何で私に聞くのですか？　記入ミスをした私への嫌味ですか？　だったらどうぞ勝手に修正しておいてください！ B先生

[ **当事者の気持ち** ]
私の単純なミスをあげつらって責める気なの？　生徒が欠席したことを担任として分かっているんだったら、そんなこと私を通さないで処理してくれれば済むことなのに。

[ **予想される結果** ]
A先生はこの後B先生と口をきかなくなり、人間関係も壊れました。

---

あ…！（と言って、そのまま下を向き、黙ったまま） B先生

[ **当事者の気持ち** ]
しまった。うっかりしていた。今日はしっかり出欠確認せずに授業を進めてしまった。また怒られてしまった。でも、もし私が謝れば、A先生はますます私のうっかりミスを責めるかもしれない…どうしよう。

[ **予想される結果** ]
返答できなかったB先生は、A先生からの信頼を失いました。

実践Ⅰ　問題に対応する事例

さて、A先生の発言に改善の余地はあるのでしょうか？
「アサーションのDESCを生かした会話例」
を以下に示しましたので、参考にしてください。

### A先生の発言がアサーティブになると…

 **A先生：**「B先生、C君は欠席の連絡があったのですが、出席簿では出席扱いになっています。」（**D**）
「**実際に出席していた可能性も考えられるので、お聞きするのですが。**」（**E**）
「この生徒は今日授業に出ていましたか？」（**S**）

 **B先生：**「あ、C君は確かに今日の授業に出ていませんでした。私の記入ミスですね。申し訳ございません。」

 **A先生：**「いえいえ、確認ができてよかったです。ありがとうございます。」（**C**）

 **B先生：**「A先生、今度からは生徒の欠席連絡があったときは、あらかじめ出席簿に欠席の印をつけておけばミスが少なくなると思いますよ。」

 **A先生：**「あ、なるほど！　そうですね。その方が教科担当の先生にとって分かりやすいですよね。アドバイスありがとうございます。」（**C**）

> **アサーティブになるポイント**

- A先生は、（E）で「実際に出席していた可能性も考えられるので、お聞きするのですが。」と確認したい気持ちを表現しています。

一方、B先生は、A先生の声かけに対してどんなコミュニケーションをとればよかったでしょうか？ 攻撃的でも非主張的でもない「アサーションのDESCを生かした会話例」を以下に示しましたので、参考にしてください。

**B先生の発言がアサーティブになると…**

**A先生：**「B先生、C君は欠席の連絡があったのですが、出席簿では出席扱いになっています。C君は今日授業に出ていませんでしたよね？」

**B先生：**「あ、C君の出欠ですね。C君は確かに今日の授業にいなかったです。」（**D**）
「記入ミスがあって申し訳ございませんでした。」（**E**）
「今後出欠の記入ミスを防ぐために、もしA先生の方で生徒からの欠席連絡を受けたときは、出席簿に欠席の印をあらかじめつけておいていただければ助かります。」（**S**）

**A先生：**「おっしゃるとおりですね。今度からそうします。」

**B先生：**「私も出席簿の記入ミスがないよう注意します。」（**C**）

---

**アサーティブになるポイント**

- B先生は、（E）で「記入ミスがあって申し訳ございませんでした。」と記入ミスを認め、謝っています。

実践Ⅰ　問題に対応する事例

## 事例12　配布資料の作り直し作業を手伝おうと声をかけられた事例

A先生

> B先生、一人で資料を作り直すのは大変だから、何か私にお手伝いできることはないですか？

**事例概要**　教務部のB先生は、中学生とその保護者を対象とした「学校説明会」の企画・運営の主担当です。しかし、説明会の前日、B先生が作成・印刷していた配布資料に大きなミスが見つかり、管理職から資料の作り直しを指示されました。大変そうな様子のB先生を見て、教務主任のA先生が声をかけました。

⬇

> いいえ、大丈夫です！　説明会の担当は私なので、最後まで責任をもってやりたいです！　A先生は口を出さないでください！

B先生

[ 当事者の気持ち ]

私が担当なんだから、私一人の力でやるんだ。余計な口出しも無用だ。誰か他の人に手伝ってもらったら、私一人でやりきったと言えなくなるではないか！

[ 予想される結果 ]

「せっかく親切心で声をかけたのに！」とA先生は大変憤慨しました。

> （本当は手伝ってほしいけれど）…いいえ、大丈夫です。全部私のミスが原因なのですから…

B先生

[ 当事者の気持ち ]

申し出は大変ありがたいが、自分のミスにA先生を巻き込むのは申し訳ない。ミスが多くて周りの先生に迷惑ばかりかけてきている私なんて、他の先生に手伝ってもらう資格なんてない…。

[ 予想される結果 ]

夜遅くまで一人で資料の作り直しをしたB先生は、翌日ダウンしてしまいました。

3 仕事上のミス

さて、A先生の発言に改善の余地はあるのでしょうか？
「アサーションのDESCを生かした会話例」
を以下に示しましたので、参考にしてください。

 **A先生の発言がよりアサーティブになると…**

 A先生：「明日の『学校説明会』の資料、作り直しだよね。」（**D**）
「私も似たような経験があるので、一人で資料を作り直すのは大変だろうなぁと思って声をかけたんだ。今日は少し時間がとれるので、何か私でお手伝いできることがあればなぁと思っているんだけど。」（**E**）
「何かお手伝いできることあるかなぁ？」（**S**）

 B先生：「担当は私だし、私のミスでこうなったのだから、私一人で責任を取るべきだと思うんです。」

 A先生：「B先生、律儀だね。でも、学校はチームで仕事をしていくところだし、私も同じ教務部としてB先生の力になれればと思っているんだよ。」
**「中心的な部分はB先生がやって、それ以外の部分で何かお手伝いすることないかなぁ？」**（**C**）

 B先生：「そうですか…。じゃあ資料の2ページ目まで私の方ですでに手直ししたので、必要部数の印刷をお願いしていいですか？」

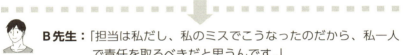 A先生：「もちろん。他にも何かあったらぜひ言ってね。」（**C**）

**アサーティブになるポイント**

・A先生は、（C）で「中心的な部分はB先生がやって、それ以外の部分で何かお手伝いすることないかなぁ？」と、相手の発言を受けて新たな提案をしています。

実践Ⅰ　問題に対応する事例

一方、B先生は、A先生の声かけに対してどんなコミュニケーションをとればよかったでしょうか？　攻撃的でも非主張的でもない「アサーションのDESCを生かした会話例」を以下に示しましたので、参考にしてください。

**B先生の発言がアサーティブになると…**

**A先生**：「B先生、一人で資料を作り直すのは大変だから、何か私にお手伝いできることはないですか？」

**B先生**：「今から資料を200部作り直さなければならないんですけど。」（**D**）
「でも、担当は私だし、私のミスでこうなったのだから、私一人で責任を取るべきだと思うんです。A先生や他の先生方の手を煩わせたくないです。」（**E**）
「私一人で資料を作り直させてもらえませんか？」（**S**）

**A先生**：「あまり責任を感じすぎないで。一緒にやる方が早いし、学校はみんなが協力して仕事を進めていくところだからさ。」

**B先生**：「でも、本当に申し訳なくて…。」（**C**）

**A先生**：「逆に私が困ったときは、B先生に助けてもらえたら嬉しいと思うよ。」

**B先生**：「そうですか…分かりました。ありがとうございます。**では資料の2ページ目まで私の方ですでに手直ししたので、必要部数の印刷をお願いしていいですか？**」（**C**）

**アサーティブになるポイント**

・B先生は、（C）で「では資料の2ページ目まで私の方ですでに手直ししたので、必要部数の印刷をお願いしていいですか？」と、相手の発言を受け止めて、新たな提案をしています。

# 4 事故・発熱

### 事例13 生徒が学校に無断で原付バイクに乗車中事故にあった事例

A校長: けがをした生徒が原付免許を取ってバイクに乗っていたことをB先生は知っていたのですか？ 日頃の指導はちゃんとしていたの？

**事例概要** 夏季休業中のある日、B先生が担任するクラスの男子生徒が、校則で乗車を禁止されている原付バイクに乗車中、自動車と接触して転倒し、大けがをして病院に搬送されたとの連絡が学校に入りました。一報を受けたB先生は病院に行く前に、A校長に報告しようと校長室を訪れました。

⬇

B先生: 指導していましたよ！ 生徒が無断で免許を取るのをどうやって事前に止めろと言うんですか！ そんな言い方をしないでください！

**［ 当事者の気持ち ］**
ひどい言い方だ。免許取得は本人が勝手にやったことだ。私はちゃんと指導しているのに、A校長は全然理解してくれないどころか、私の指導力が不足しているような言い方をして…。

**［ 予想される結果 ］**
B先生は、自分がA校長から認められていないと感じ、失望しました。

B先生: あ…その…申し訳ございません…。

**［ 当事者の気持ち ］**
ああ…自分はなんてダメな教師なんだろう。一生懸命頑張ってもクラスの生徒がバイクで事故を起こすし、A校長からは指導力不足を注意され、分かってもらえないし…私にできることはせいぜい謝ることくらいしかない。

**［ 予想される結果 ］**
B先生は、事故の責任は自分にあると感じ、うつ病を発症しました。

実践Ⅰ　問題に対応する事例

　　　　　さて、A校長の発言に改善の余地はあるのでしょうか？
　　　　　　　「アサーションのDESCを生かした会話例」
　　　　　を以下に示しましたので、参考にしてください。

## A校長の発言がアサーティブになると…

**A校長：**「え！　うちの生徒が原付バイク乗車中にけがをしたの！？」（**D**）
「病院に搬送されたって、けがの状況が心配だね。大きなけがじゃなければいいけど…」（**E**）
**「まずは保護者に電話連絡をして、それからすぐ病院に行って、生徒のけがの状況を私にも電話で報告してくれる？** それと病院から学校に戻ってからでいいので、B先生がその生徒の免許取得の有無やバイク乗車についてどこまで把握していたか、あとで話を聞かせてくれるかな。」（**S**）

**B先生：**「分かりました。病院で確認できたらすぐにお知らせします！」

**A校長：**「よろしく頼むよ。気を付けて行ってらっしゃい。」（**C**）

　アサーティブになるポイント

・A校長は、（S）で「まずは保護者に電話連絡をして、それからすぐ病院に行って、生徒のけがの状況を私にも電話で報告してくれる？」と具体的な提案をしています。

一方、B先生は、A校長先生の声かけに対してどんなコミュニケーションをとればよかったでしょうか？　攻撃的でも非主張的でもない「アサーションのDESCを生かした会話例」を以下に示しましたので、参考にしてください。

### B先生の発言がアサーティブになると…

**A校長：**「けがをした生徒が原付免許を取ってバイクに乗っていたことをB先生は知っていたのですか？　日頃の指導はちゃんとしていたの？」

**B先生：**「この生徒が原付免許を取っていたこともバイクに乗っていたこともどちらも知りませんでした。」（**D**）
「それよりも、今は生徒のけがの状況の方が心配です。」（**E**）
「すぐに病院に行ってけがの状況を確認してきてもよいでしょうか。日頃私がどんな指導をしてきたかについては、病院から戻ったら後ほど校長先生にご報告いたしますので…」（**S**）

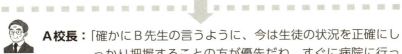

**A校長：**「確かにB先生の言うように、今は生徒の状況を正確にしっかり把握することの方が優先だね。すぐに病院に行ってくれるかい？」

**B先生：**「分かりました。生徒のけがの状況については、確認ができたらすぐに電話連絡いたします。」（**C**）

**A校長：**「よろしく頼むよ。気を付けて行ってらっしゃい。」

> アサーティブになるポイント
>
> ・B先生は、（E）で「それよりも、今は生徒のけがの状況の方が心配です。」と自分の気持ちを表現しています。

実践Ⅰ　問題に対応する事例

| 事例 14 | 発熱した児童のお迎えを夜まで待つよう求められた事例 |

A先生

> 今、ベッドで休んでいるCさんのお母さんに連絡したら、迎えに来るのが20時過ぎだっていうの。保護者にも保健室で養護教諭が待つと話してあるから、B先生お願いね。

**事例概要**　下校時刻になって児童が頭痛を訴えて保健室に来ました。高熱のため保護者に迎えに来るようA先生から電話をしました。今までも19時位まで待つことはありました。今晩はB養護教諭にも予定があり、いつも当たり前のように私だけが残って待つなんて、と不満に思っています。

---

### 私の勤務時間はどうなるんですか。

B養護教諭

[ **当事者の気持ち** ]
勤務時間を終えたら帰るのは当たり前のこと。でも、なんだか悪いことをしたようないやな気分。

[ **予想される結果** ]
定時に帰宅することができたが、A先生との人間関係が悪化してしまいました。

### …分かりました。仕方ないですね、私が待ちます。

B養護教諭

[ **当事者の気持ち** ]
子どもだけを残して帰るわけにもいかないし、私が待つしかないか…。養護教諭って定時に帰れないし休憩時間もない…つらいなぁ。私にも家族がいるのに…。

[ **予想される結果** ]
仕方なく自分の予定を急きょ変更して20時過ぎまで待っていた。このようなことが常態化し、自身の家族から強く求められ、養護教諭を離職した。

4 事故・発熱

さて、A先生の発言に改善の余地はあるのでしょうか？
「アサーションのDESCを生かした会話例」
を以下に示しましたので、参考にしてください。

### A先生の発言がアサーティブになると…

**A先生：**「今、ベッドで休んでいるCさんのお母さんに連絡したら、迎えに来るのが20時過ぎだっていうの。」（**D**）
「私がもっと早くCさんの様子に気づけばよかったのにCさんにもかわいそうなことをしたわ。B先生にも迷惑かけてごめんなさい。」（**E**）
「私は子どものお迎えがあるんだけど、先生は何か用事ある？もしなければ保護者の方が迎えに来られるまでCさんをお願いしたいんだけど、無理なようなら私が残れるか家族に連絡とってみる。」（**S**）

**B養護教諭：**「そうですか、今日は私も予定があって18時半には退勤したいので、遅れてよいか先方に連絡してみます。A先生もご家族に連絡をとってみてくださるんですね、ありがとうございます。」

**A先生：**「分かりました。じゃあ、すぐに連絡して、お互いに無理なようなら、教頭先生に相談しましょう。」（**C**）

> **アサーティブになるポイント**
>
> ・A先生は、（S）で「私は子どものお迎えがあるんだけど、先生は何か用事ある？もしなければ保護者の方が迎えに来られるまでCさんをお願いしたいんだけど、無理なようなら私が残れるか家族に連絡とってみる。」と、NOの場合に自分がとる行動を提示しています。

実践Ⅰ　問題に対応する事例

一方、Ｂ養護教諭は、Ａ先生の声かけに対してどんなコミュニケーションをとればよかったでしょうか？　攻撃的でも非主張的でもない「アサーションのDESCを生かした会話例」を以下に示しましたので、参考にしてください。

**Ｂ養護教諭の発言がアサーティブになると…**

**Ａ先生：**「今、ベッドで休んでいるＣさんのお母さんに連絡したら、迎えに来るのが20時過ぎだっていうの。保護者にも保健室で養護教諭が待つと話してあるから、Ｂ先生お願いね。」

**Ｂ養護教諭：**「Ｃさんは熱が高いので、その時間のお迎えだと受診もできませんし、ぐんぐん熱が高くなればけいれんを起こす場合もあります。私も今日は用事があって遅くまで残れません。」（**D**）
「ずっと保健室で休ませておくだけというのも心配です。どなたか他に都合のつく方がいらっしゃればよいのですが。」（**E**）
「教頭先生に相談してみましょうか。」（**S**）

**Ａ先生：**「そうね、体が心配よね。それじゃあ、私から他に都合のつく人がいるか教頭先生に相談してみるわ。そして、もう一度保護者に連絡して熱や病院のことを話して、少しでも早く来てもらえるようにするわ。」

**Ｂ養護教諭：**「ありがとうございます、私も18時半まではＣさんのそばにいられます。状況が分かったらお知らせください。私はＣさんをみています。」（**C**）

**アサーティブになるポイント**

・Ｂ養護教諭は、（E）で「ずっと保健室で休ませておくだけというのも心配です。どなたか他に都合のつく方がいらっしゃればよいのですが。」と自分の気持ちを表現しています。

4 事故・発熱

| 事例 15 | 保護者への電話連絡の仕方について学年主任から指摘された事例 |

A先生

（B先生が電話を切った後）保護者にあの言い方はないんじゃない?! もう少し、考えて伝えなくちゃ!!

**事例概要**　体育終了後の休み時間、C君は、同じクラスのD君の顔を殴ってけがをさせてしまいました。放課後、B先生はC君の母親に電話をして、D君の母親への謝罪を求めました。B先生は、C君とD君の二人から話を聞き、D君にチームの弱さを指摘されたため、C君がかっとなってD君の顔を殴ってしまった事実を確認していたにもかかわらず、C君の母親には、殴った理由を伝えませんでした。その電話のやり取りを近くで聞いていた学年主任のA先生は、電話を切ったB先生に声をかけました。

⬇

C君がD君の顔を殴ってけがさせたんですよ。C君の親がD君の親に謝るのは当然のことじゃないですか。

B先生

[ 当事者の気持ち ]
当たり前のことをしただけじゃないか。自分の対応を頭ごなしに否定されて、本当に腹が立つな。何にも知らないくせに、何なんだ？！

[ 予想される結果 ]
A先生とB先生との関係、B先生とC君の母親との信頼関係が崩れました。

…すみませんでした…。

B先生

[ 当事者の気持ち ]
なんで分かってくれないのだろう。あの言い方のどこが悪いのか、ちゃんと教えてくれないと分からない。

[ 予想される結果 ]
B先生は、A先生を怖い人、苦手な人だと思うようになりました。

実践Ⅰ　問題に対応する事例

さて、A先生の発言に改善の余地はあるのでしょうか？
「アサーションのDESCを生かした会話例」
を以下に示しましたので、参考にしてください。

**A先生の発言がアサーティブになると…**

A先生：「B先生、いま保護者に電話連絡したよね。そのことなんだけど、ちょっといいかしら？」（**D**）
「私は横で聞いていて、自分が母親だったら萎縮しちゃうなぁと思い、気になったの。」（**E**）
「B先生はどんなつもりで話したのか聞かせてくれる？」（**S**）

B先生：「体育のサッカーの試合でD君のチームに負けたことを、C君はすごく悔しがっていたんです。そんなC君にD君が、お前のチーム弱いなって言ったんだそうです。そう言われたC君はかっとなって思わずD君の頬を殴ってしまいました。D君の左頬が腫れてしまい、病院に行くか行かないか判断に迷ったので、D君のお母さんに学校に来てもらってけがの様子を確認してもらいました。病院には行かずに済んだのですが、顔にけがをさせてしまったことは事実なので、そのことをC君のお母さんに伝えて、D君のお母さんに謝ってもらおうと思いました。」

A先生：「なるほどね。今、B先生が私に話してくれたように、C君のお母さんに事の経緯を詳しく話せばよかったんじゃないかしら。」（**C**）

B先生：「もう一度電話をかけて、C君のお母さんに状況を詳しく伝えます。」

**アサーティブになるポイント**

・A先生は、（S）で「B先生はどんなつもりで話したのか聞かせてくれる？」と相手の意図を確かめる質問をしています。

4 事故・発熱

一方、B先生は、A先生に対してどんなコミュニケーションをとればよかったでしょうか？ 攻撃的でも非主張的でもない「アサーションのDESCを生かした会話例」を以下に示しましたので、参考にしてください。

### B先生の発言がアサーティブになると…

 **A先生**：「（B先生が電話を切った後）保護者にあの言い方はないんじゃない？！ もう少し、考えて伝えなくちゃ！！」

 **B先生**：「今の電話のことですね。」（**D**）
「A先生、心配して聞いていてくれたんですね。」
「**実は、保護者に電話連絡をするのが苦手なんです。**今回は、けがが顔だったし、D君のお母さんに来校してもらって、けがの状態を見てもらっていることもあるし。だから、C君のお母さんからD君のお母さんに謝罪してもらう必要があると思ったんです。でも、私、上手く伝えられていなかったんですね。」（**E**）
「どんな風に伝えればよかったのでしょうか？」（**S**）

↓

**A先生**：「さっきの電話では、B先生は、C君がD君の顔を殴ったから、D君のお母さんに謝るように促しているだけだったわ。もう一度C君のお母さんに電話して、C君が殴ってしまった理由やD君のお母さんに来校して確認してもらうほどのけがだったことなど丁寧に伝えるといいと思うの。そうすればC君のお母さんも状況が分かって、相手のお母さんに謝らなくちゃって思うんじゃないかしら。」

**B先生**：「なるほど。今すぐ電話をかけ直します。」（**C**）

 アサーティブになるポイント

・B先生は、（E）で「A先生、心配して聞いていてくれたんですね。」「実は、保護者に電話連絡をするのが苦手なんです。」と、相手への共感、自分の気持ちを表現しています。

55

実践 Ⅱ

# 関係をつくる事例

# 1 協力依頼（する／される）

**事例 16** 職員の個人研究に協力を求められた事例

A校長

> C先生が作成したアンケートを、来週までに各クラスで実施してください！

**事例概要** 心の教育の研究を進めているC先生から協力依頼があり、校長先生は、職員会議で職員にアンケート調査への協力を求めました。しかし、アンケートについて詳しい説明がないのでB先生は納得していません。

---

> （A校長に向かって）なんでこんなことをやらなくてはいけないのですか?!

B先生

［ 当事者の気持ち ］
目的や概要など、説明なしにいきなりやれと言われても納得できない。それにC先生の個人研究になんで協力しなくてはいけないのか。職員はみんな忙しいのに。

［ 予想される結果 ］
B先生は、職員から冷たい人だと思われるようになりました。

> …（校長が言うのだから仕方がない。でもどうしてC先生は自分で説明しないのよ）…。

B先生

［ 当事者の気持ち ］
C先生からの説明が全くないのはおかしい。でもA校長が言うならやるしかない。なんだかよく分からない。

［ 予想される結果 ］
B先生は、A校長とC先生に対して不信感を抱きました。

1 協力依頼（する／される）

さて、A校長の発言に改善の余地はあるのでしょうか？
「アサーションのDESCを生かした会話例」
を以下に示しましたので、参考にしてください。

### A校長の発言がアサーティブになると…

 **A校長**：「C先生は心の教育の研究を進めており、今回アンケート調査を立案したところです。」（**D**）
「私としても心の教育を一層進めるうえでも意義ある調査と考えたので、学校全体でなるべく協力したいと思っているところです。」（**E**）
「そこでC先生が作成したアンケート内容を見ていただいたうえで、**アンケートに協力できるクラスは、来週までに各クラスで実施してください。**何か質問はありますか。」（**S**）

⬇

 **B先生**：「その研究の目的が分からないので、教えてください。」

 **A校長**：「では、C先生から直接説明していただきましょう。C先生、お願いしてもいいですか。」（**C**）

 **C先生**：「分かりました。それでは、説明いたします。……です。ご協力どうぞよろしくお願いいたします。」

 **A校長**：「そういうことなのですが、B先生お願いできますか？」（**C**）

 **B先生**：「分かりました。では内容を確認したうえで、来週までに実施いたします。」

**アサーティブになるポイント**

・A校長は、（S）で「**アンケートに協力できるクラスは、来週までに各クラスで実施してください。**」と言って、NOの返答も想定して提案しています。

実践Ⅱ　関係をつくる事例

一方、B先生は、A校長の声かけに対してどんなコミュニケーションをとればよかったでしょうか？　攻撃的でも非主張的でもない「アサーションのDESCを生かした会話例」を以下に示しましたので、参考にしてください。

### B先生の発言がアサーティブになると…

**A校長：**「C先生が作成したアンケートを、来週までに各クラスで実施してください！」

**B先生：**「校長先生、そのアンケートのことですが、ちょっとよろしいですか？」（**D**）
「**突然のことなので、何のためにどんなアンケートをするのかよく分かりません。**」（**E**）
「アンケートの概要を聞かせていただけないでしょうか。」（**S**）

↓

**A校長：**「分かりました。C先生から伝えていただきましょう。C先生、お願いしてもいいですか。」

**C先生：**「はい。では、説明いたします。……です。ご協力どうぞよろしくお願いいたします。」

**B先生：**「説明ありがとうございました。そういうことでしたら、C先生の研究に協力いたします。」（**C**）

> アサーティブになるポイント

- B先生は、（**E**）で「**突然のことなので、何のためにどんなアンケートをするのかよく分かりません。**」と自らの疑問を表現しています。

## 1 協力依頼（する／される）

> **事例 17** 業務時間終了後、突然大量のプリントを印刷するよう求められた事例

A先生

> 今日は、用事があって帰るから、明日使うこの算数のプリントを印刷してくれ。よろしく!!

**事例概要** B先生は、19時から公民館で半年ぶりに行われる算数の勉強会を楽しみにしていました。18時50分には学校を出ようと考えていました。すると、18時40分ごろ、帰りの支度を終えたA先生から、大量の算数のプリントを明日までに印刷しておくように言われました。

⬇

> えー!?　そんなの無理ですよ！　急に言わないでくださいよ！　私だって予定があるんですから!!

B先生

[ **当事者の気持ち** ]

なんて自分勝手な人なのだろう。急に言われても、私にも予定があるのに！自分はさっさと帰ろうとして、どうしてもっと早く言ってくれないのか？！ひどいな！

[ **予想される結果** ]

B先生は、A先生から生意気な人だと思われるようになりました。

> …（私にも予定があるのに…）
> はい…分かりました…。

B先生

[ **当事者の気持ち** ]

私ももう帰ろうと思っていたのに。突然言うなぁ。でも、仕方がない。今日の予定を話しておかなかった自分が悪い。早く印刷しなくちゃ。算数の勉強会が終わる前には行けるかな。行きたいな。

[ **予想される結果** ]

勉強会に15分しか参加できなかったB先生は、A先生を恨みました。

実践Ⅱ　関係をつくる事例

さて、A先生の発言に改善の余地はあるのでしょうか？
「アサーションのDESCを生かした会話例」
を以下に示しましたので、参考にしてください。

**A先生の発言がアサーティブになると…**

 **A先生**：「明日の算数の授業で使うプリントなんだけど、今ようやく見つかったんだよ。」（**D**）
「できれば今日のうちに印刷しておいた方がいいと思うんだけど、今日は用事があって帰らないといけないので、どうしたものかと思っていたんだ。」（**E**）
「B先生、このプリントを4クラス分印刷すること、頼めるかなぁ。」（**S**）

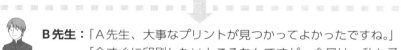

 **B先生**：「A先生、大事なプリントが見つかってよかったですね。」
「今すぐに印刷したいところなんですが、今日は、私も予定があって、あと10分したら学校を出ようと思っていました。」
「明日の朝早く学校に来て、授業に間に合うように印刷しておきます。それで、いかがですか？」

 **A先生**：「ありがとう。じゃあ私も、早く来て手伝うよ。二人で手分けすればすぐに終わると思うから。」（**C**）

 **B先生**：「よろしくお願いします。」

**アサーティブになるポイント**

- A先生は、（S）で「B先生、このプリントを4クラス分印刷すること、頼めるかなぁ。」とNOも想定した提案をしています。

1　協力依頼（する／される）

一方、B先生は、A先生の声かけに対してどんなコミュニケーションをとればよかったでしょうか？　攻撃的でも非主張的でもない「アサーションのDESCを生かした会話例」を以下に示しましたので、参考にしてください。

**B先生の発言がアサーティブになると…**

**A先生：**「今日は、用事があって帰るから、明日使うこの算数のプリントを印刷してくれ。よろしく！！」

**B先生：**「A先生、印刷のことですが。」（**D**）
「私も今日予定があって、あと10分したら学校を出ようと思っているんです。」（**E**）
**「明日の朝早く学校に来て、授業に間に合うように印刷しておきます。それで、いかがですか？」**（**S**）

⬇

**A先生：**「ありがとう。じゃあ、明日の朝、私も早く来るから一緒に印刷しよう。」

**B先生：**「よろしくお願いします。」（**C**）

> アサーティブになるポイント

- B先生は、（S）で「明日の朝早く学校に来て、授業に間に合うように印刷しておきます。それで、いかがですか？」と具体的な提案をしています。

実践Ⅱ　関係をつくる事例

## 事例18　廊下に絵を掲示するよう頼まれた事例

A先生

> えっ?!　自分のクラスだけ掲示したの?!
> 私のクラスの分は自分でやるからいいわよ!

**事例概要**　学年2クラスのうち、学年主任のA先生のクラスは、先週図工の絵が完成していましたが、若手のB先生のクラスが未完成だったので、廊下の掲示を待ちました。A先生はB先生に絵の掲示をお願いして、運営委員会に出ました。B先生は掲示する位置を確認するため、まず自分のクラスから取り掛かりました。次にA先生のクラスの絵を掲示しようとした時、保護者から電話がきたため、職員室に行きました。B先生が電話を切って戻ると、そこには運営委員会を終えたA先生が険しい顔をして立っていました。

⬇

> えっ?!　何言ってるんですか?!　今から掲示しようと思っていたんですよ!!　そんな言い方しなくてもいいじゃないですか!!

B先生

**当事者の気持ち**
誤解ですよ、なんでそんなふうに決めつけるのか。2クラス分やろうと思ってがんばっていたのに、ひどい!

**予想される結果**
A先生とB先生の関係が悪くなり、学年経営が上手くいかなくなりました。

> …すみません。（電話がかかってきたから対応していただけなのに）…

B先生

**当事者の気持ち**
電話がかかってきたから対応していただけなのに、とりあえず謝ろう。

**予想される結果**
誤解が解けないままで、A先生は、以前のように優しく接してくれなくなりました。

1　協力依頼（する／される）

さて、A先生の発言に改善の余地はあるのでしょうか？
「アサーションのDESCを生かした会話例」
を以下に示しましたので、参考にしてください。

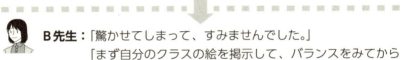

A先生の発言がアサーティブになると…

**A先生：**「あれ、2クラス分の掲示をお願いしたけど、先生のクラスの掲示だけやってあるわね。」（**D**）
「うちのクラスの掲示は先生のクラスの完成に合わせようと今日まで待っていたのに、どういうことかしら？　驚いたわ。」（**E**）
「この状況がよく分からないから、説明してもらえるかしら？」（**S**）

**B先生：**「驚かせてしまって、すみませんでした。」
「まず自分のクラスの絵を掲示して、バランスをみてからA先生のクラスの掲示をしようと思いました。」
「ところが、私のクラスの絵を貼り終えた時にクラスの保護者から電話がきたので、職員室に行っていました。A先生のクラスの絵を掲示しようと急いで戻ってきたところなんです。」

**A先生：**「なるほど、そういうことだったのね。じゃあ、一緒に掲示しましょう。」（**C**）

**B先生：**「もちろんです。一緒に貼ります。」

**アサーティブになるポイント**

・A先生は、（**E**）で「うちのクラスの掲示は先生のクラスの完成に合わせようと今日まで待っていたのに、どういうことかしら？　驚いたわ。」と、疑問と驚きを表現しています。

65

実践Ⅱ　関係をつくる事例

一方、B先生は、A先生の声かけに対してどんなコミュニケーションをとればよかったでしょうか？　攻撃的でも非主張的でもない「アサーションのDESCを生かした会話例」を以下に示しましたので、参考にしてください。

**B先生の発言がアサーティブになると…**

A先生：「えっ？！　自分のクラスだけ掲示したの？！　私のクラスの分は自分でやるからいいわよ！」

B先生：「A先生、運営委員会お疲れ様でした。驚かせてしまってすみません。A先生のクラスの掲示をしようと思ったときに、保護者から電話がかかってきたので、職員室に行きました。そして今、急いで戻ってきたところです。」（**D**）
「**A先生は、私のクラスの絵が仕上がるまで、自分のクラスの絵を掲示せずに待ってくれました。その配慮が嬉しくて、A先生のクラスの絵を丁寧に掲示したいと思いました。**だから、自分のクラスの絵を先に掲示して、貼る位置を確認してから、A先生のクラスの絵を貼ろうと思っていました。」（**E**）
「今から貼るので、もしよかったら一緒にお願いできますか？」（**S**）

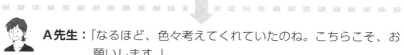

A先生：「なるほど、色々考えてくれていたのね。こちらこそ、お願いします。」

B先生：「はい。」（**C**）

**アサーティブになるポイント**

・B先生は、（E）で「A先生は、私のクラスの絵が仕上がるまで、自分のクラスの絵を掲示せずに待ってくれました。その配慮が嬉しくて、A先生のクラスの絵を丁寧に掲示したいと思いました。」と、自分の気持ちを表現しています。

1 協力依頼（する／される）

| 事例 19 | 研究授業でティーム・ティーチング（TT）の協力を依頼された事例 |

A先生

B先生、11月の道徳の研究授業にTTとして一緒に授業を行ってもらえないですか？

**事例概要** A先生は、同期のB先生に、11月に行う道徳の研究授業にティーム・ティーチング（TT）として一緒に授業を行ってほしいと思い、夏休みに依頼しています。日頃から、A先生とB先生との関係は悪くありません。

11月は、文化祭とかそのほかの仕事もあるし、忙しいからできないな。

B先生

[ 当事者の気持ち ]
自分の仕事が忙しくて、人の授業の手伝いまで手が回らない。

[ 予想される結果 ]
B先生は、A先生から頼りにされることや相談を受けることがなくなり、A先生との関係もギクシャクしました。

うーん。どうしようかな。（2学期は行事も多いし。自分の授業や学級のことで忙しいし。）うーん……。

B先生

[ 当事者の気持ち ]
手伝ってもいいけど、2学期は行事も多いし、自分の授業や担任の学級のことで忙しいし……。

[ 予想される結果 ]
B先生は、はっきりと意見や態度を示さないので、周りがイライラしてしまい、学年の中で浮いてしまいました。

実践Ⅱ　関係をつくる事例

さて、A先生の発言に改善の余地はあるのでしょうか？
「アサーションのDESCを生かした会話例」
を以下に示しましたので、参考にしてください。

**A先生の発言がアサーティブになると…**

 **A先生**：「少し先のことですが、11月の道徳の研究授業のことで相談があります。」（**D**）
「ＴＴを含めた授業案を考えていて、**先生とぜひ一緒に授業を行いたいと思っているんです。**」（**E**）
「先生、ＴＴとして一緒に授業を行ってもらえないですか？」（**S**）

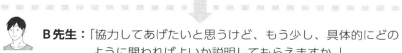

 **B先生**：「協力してあげたいと思うけど、もう少し、具体的にどのように関わればよいか説明してもらえますか。」

 **A先生**：「ロールプレイングを考えているので、主人公の友人の役をお願いしたいと思っています。」（**C**）

 **B先生**：「分かりました。詳しくは、相談しながら進めていきましょう。」

**アサーティブになるポイント**

・A先生は、（**E**）で、「先生とぜひ一緒に授業を行いたいと思っているんです。」と自分の気持ちを表現しています。

1 協力依頼（する／される）

一方、B先生は、A先生の声かけに対してどんなコミュニケーションをとればよかったでしょうか？ 攻撃的でも非主張的でもない「アサーションのDESCを生かした会話例」を以下に示しましたので、参考にしてください。

**B先生の発言がアサーティブになると…**

**A先生**：「B先生、11月の道徳の研究授業にＴＴとして一緒に授業を行ってもらえないですか？」

**B先生**：「研究授業にＴＴとして参加してほしいということですね。」（**D**）
「協力してあげたい気持ちは大いにあるんだけど、仕事が今立て込んでいるから、簡単にいいよと引き受けることは難しいんだ。」（**E**）
**「具体的にどのように関わったらよいか、案を教えてくれるかな。」**（**S**）

⬇

**A先生**：「分かりました。来週、もう一度案を示しますので、相談させてください。」

**B先生**：「ありがとう。来週になれば、仕事もひと段落すると思うので、ゆっくり話を聞かせてもらいますね。」（**C**）

アサーティブになるポイント

- B先生は、（**S**）で「具体的にどのように関わったらよいか、案を教えてくれるかな。」と疑問点について具体的な提案をしています。

実践Ⅱ　関係をつくる事例

| 事例 20 | 教頭から「地域の会合に参加してほしい」と依頼された事例 |

A教頭

急で悪いのだが、明日の16時からの
地域の会合に学年主任も参加してほしい。

**事例概要**　これまで地域の会合には、管理職が参加していましたが、前日になり、学年主任のB先生も参加してほしいと言われました。B先生は、明日は定時で退勤し、読みたい本があると思っています。

---

明日は、ダメです。  B先生

[ 当事者の気持ち ]
急に言われても困るのよ。こっちにも都合があるんだから。

[ 予想される結果 ]
B先生はA教頭との関係が崩れ、その後の仕事がやりにくくなりました。

はあ、そうですか……分かりました。  B先生

[ 当事者の気持ち ]
本当に急に仕事を振るA教頭だ。明日の夜は久々に読書を楽しみにしていたのに、台無しだ。

[ 予想される結果 ]
B先生はA教頭に対して、無理やり仕事を押し付けられたという感情をもちました。

1　協力依頼（する／される）

さて、A教頭の発言に改善の余地はあるのでしょうか？
「アサーションのDESCを生かした会話例」
を以下に示しましたので、参考にしてください。

**A教頭の発言がよりアサーティブになると…**

　**A教頭：**「B先生、明日16時から地域の会合があるんだ。」（**D**）
「これまでは地域の会合は管理職が参加していたんだけど、今回の会合は2年生が関わる地域祭りのことも話し合うということが分かったので、学年主任のB先生にも出てもらえたらと思ったんだ。」（**E**）
**「できれば会合に参加してほしいのだが、どうだろうか？」**
（**S**）

　**B先生：**「突然ですね。実は予定があるのですが、2年生の行事が話題になるのであれば、都合をつけて参加します。」

　**A教頭：**「ありがとう。急なことで申し訳ない。よろしくお願いします。」（**C**）

アサーティブになるポイント

・A教頭は、（S）で「できれば会合に参加してほしいのだが、どうだろうか？」とNOの返答も考慮に入れた表現をしています。

71

実践Ⅱ　関係をつくる事例

一方、B先生は、A教頭の声かけに対してどんなコミュニケーションをとればよかったでしょうか？　攻撃的でも非主張的でもない「アサーションのDESCを生かした会話例」を以下に示しましたので、参考にしてください。

## B先生の発言がアサーティブになると…

**A教頭：**「急で悪いのだが、明日の16時からの地域の会合に学年主任も参加してほしい。」

**B先生：**「明日の16時からですか。」（**D**）
　　　　「実は予定がありまして…」（**E**）
　　　　「お断りしたいのですが。」（**S**）

**A教頭：**「急で申し訳ないんだけど、地域の方から、2年生が関わる地域祭りについて詳しく話をしたいということなんだ。何とか、都合をつけることはできないですか？」

**B先生：**「17時までなら参加することができますが、それでよろしいでしょうか。」（**C**）

**A教頭：**「分かりました。地域祭りの話題を最初にして、17時までに終了できるように地域の方にも伝えてみましょう。」

**B先生：**「ありがとうございます。では、参加させていただきます。」（**C**）

　アサーティブになるポイント

・B先生は、（C）で「17時までなら参加することができますが、それでよろしいでしょうか。」と相手の発言を受け止めて、歩み寄りの提案をしています。

1 協力依頼（する／される）

## 事例21　教務主任から「職員会議資料のとじ込みを手伝ってほしい」と依頼された事例

A先生：B先生、空き時間なら、職員会議資料のとじ込みを手伝ってほしいのだけれど。

**事例概要**　B先生が空き時間に教材研究をしていたら、教務主任のA先生から「職員会議で使う資料のとじ込みを手伝ってほしい」と言われました。B先生はこの時間にプリントを作成したいと考えています。ほかの先生方は、A先生を手伝い始めました。

えー。無理です。今、忙しくて。　B先生

[ 当事者の気持ち ]
こっちだって、計画的に自分の仕事をしているのだ。急にそんな雑用を言いつけないでほしい。

[ 予想される結果 ]
B先生は、周りの先生から、自分の仕事優先で勝手な人という目で見られるようになりました。

はあ、そうですか……
分かりました（と言って、手伝う）。　B先生

[ 当事者の気持ち ]
ほかの先生方は手伝っているし、自分だけ、断るわけにもいかないな。
でも、時間がないなぁ…。

[ 予想される結果 ]
B先生は、予定していた仕事が終わらず、イライラした気持ちになりました。

実践Ⅱ　関係をつくる事例

さて、Ａ先生の発言に改善の余地はあるのでしょうか？
「アサーションのDESCを生かした会話例」
を以下に示しましたので、参考にしてください。

**Ａ先生の発言がよりアサーティブになると…**

Ａ先生：「明日の職員会議の資料のとじ込みをするところなんだけど。」（**D**）
「**分量が多いので他の先生にも手伝ってもらえたらと思っているんだ。先生も教材研究しているようなので、難しいかもしれないけど。**」（**E**）
「もし、時間の余裕があるなら、職員会議の資料のとじ込みを手伝ってもらえるとありがたいんだけど、どうですか？」（**S**）

Ｂ先生：「申し訳ありません。どうしても、この時間に取り組まなければならないものなので、先にやらせてください。終わりましたら、お手伝いに行きます。」

Ａ先生：「そうか。分かった。仕事中に悪かったね。もし、早く終わったら来てくれると助かるよ。」（**C**）

> アサーティブになるポイント
>
> ・Ａ先生は、（**E**）で「**分量が多いので他の先生にも手伝ってもらえたらと思っているんだ。先生も教材研究しているようなので、難しいかもしれないけど。**」と、自分の気持ち・相手への共感を表現しています。

1　協力依頼（する／される）

一方、B先生は、A先生の声かけに対してどんなコミュニケーションをとればよかったでしょうか？　攻撃的でも非主張的でもない「アサーションのDESCを生かした会話例」を以下に示しましたので、参考にしてください。

**B先生の発言がアサーティブになると…**

**A先生：**「B先生、空き時間なら、職員会議資料のとじ込みを手伝ってほしいのだけれど。」

**B先生：**「職員会議の資料のとじ込みですね。」（**D**）
「お手伝いしたいのですが、この時間にやってしまいたい仕事があるのです。」（**E**）
「**終わり次第手伝いに行きますので、少し待ってもらえますか？**」（**S**）

↓

**A先生：**「忙しいところ、悪いね。じゃあ、先にやっているから、終わったら手伝ってください。」

**B先生：**「承知しました。なるべく早く行けるようにします。」（**C**）

アサーティブになるポイント

- B先生は、（S）で「**終わり次第手伝いに行きますので、少し待ってもらえますか？**」と新たな具体的提案をしています。

実践Ⅱ　関係をつくる事例

| 事例 22 | 朝、届いた大きな荷物を運んでもらえないかと頼まれた事例 |

A先生

> B先生、玄関に荷物が届いたのですが、運ぶのを手伝ってもらえますか？

**事例概要**　朝8時に大きな荷物が届いたので、A先生は運ぶのを手伝ってもらいたいとB先生に声をかけました。しかし、B先生は今日の授業の準備をしていて、できれば手伝いたくないと思っています。

⬇

> 今、手が離せないので、できません。

B先生

[ **当事者の気持ち** ]
今日の授業の準備をしているし、この朝の忙しいときに、頼まないでほしい。私じゃなくて、もっと暇そうな人に頼んでほしい。

[ **予想される結果** ]
A先生は、B先生に対して「優しさのない人だ」と思うようになりました。

> 今？　…いいですよ。

B先生

[ **当事者の気持ち** ]
仕方がないな。授業準備をしている最中なのに。これで、間に合わなかったら困るんだけど。

[ **予想される結果** ]
B先生は、自分の仕事が滞ったので、はっきり断ればよかったと後悔しました。

1 協力依頼（する/される）

さて、A先生の発言に改善の余地はあるのでしょうか？
「アサーションのDESCを生かした会話例」
を以下に示しましたので、参考にしてください。

**A先生の発言がよりアサーティブになると…**

**A先生：**「今、玄関に荷物が全部で12個届いたんです。」（**D**）
「私がたまたま受け取ったんですけれど、数が多いので誰か一緒に運ぶのを手伝ってくれるとありがたいなと思っているんです。」（**E**）
「B先生、申し訳ありませんが、手伝ってもらえないでしょうか？」（**S**）

**B先生：**「それは、大変ですね。12個もあると先生と2人でも大変だと思うので、ほかの先生方にも声を掛けて、みんなで一気に運んでしまいましょう。」

**A先生：**「それはいい意見ですね。ほかの先生にも声をかけてみますね。」（**C**）

アサーティブになるポイント

- **A先生は、（D）で「今、玄関に荷物が全部で12個届いたんです。」と問題状況を具体的に描写しています。**

実践Ⅱ 関係をつくる事例

一方、B先生は、A先生の声かけに対してどんなコミュニケーションをとればよかったでしょうか？ 攻撃的でも非主張的でもない「アサーションのDESCを生かした会話例」を以下に示しましたので、参考にしてください。

### B先生の発言がアサーティブになると…

 **A先生：**「B先生、玄関に荷物が届いたのですが、運ぶのを手伝ってもらえますか？」

 **B先生：**「荷物運びですね？」（**D**）
「お手伝いしたいのですが、ちょっと今、手が離せないのです。」（**E**）
「他の先生に頼んでもらってもいいですか？ こちらの仕事が終わったら手伝いにいきますから。」（**S**）

↓

 **A先生：**「それは、ごめんなさいね。では、C先生に頼んでみます。」

 **B先生：**「申し訳ありません。お手伝いできるときはやらせていただきますので。」（**C**）

**アサーティブになるポイント**

・B先生は、（E）で「お手伝いしたいのですが、ちょっと今、手が離せないのです。」と自分の気持ちと状況を表現しています。

1　協力依頼（する／される）

### 事例 23　大雪の朝、雪かきの手伝いを頼まれた教員の事例

A先生

> 他の先生方はみんな雪かきをしているんですよ！
> 少しは手伝ったらどうなんですか!?

**事例概要**　大雪の日の朝、〇〇高校では、登校した生徒たちが安全に通行できるよう多くの先生方が校門付近から生徒用昇降口までの雪かきをしていました。しかし、B先生とC先生は、寒い中外に出るのが嫌だったので職員室内に残っています。そこへ、職員室に戻ってきたA先生が2人の先生に声をかけました。

---

> 雪かきは教員の本来の仕事じゃないでしょう？　それに私は、今日革靴なんですよ！　雪かき作業なんかできるわけないじゃないですか！

B先生

[ **当事者の気持ち** ]
雪かきは寒くて嫌だし、強制される筋合いのものではない。靴も濡れてしまうではないか。それに、多くの先生たちが雪かきをやってくれているのだから、私一人くらい手伝わなくても作業に影響はないだろう。

[ **予想される結果** ]
その後B先生は、他の先生たちから軽蔑されるようになりました。

> あ…私はちょっとこのあと教材研究で忙しくて…
> （と言って教科準備室の方に向かっていく）。

C先生

[ **当事者の気持ち** ]
なんとか言い訳して立ち去ってしまおう。外は寒くて嫌だなぁ。それに私には、今日の教材研究がまだ終わっていないというちゃんとした理由があるのだから…雪かきを手伝わなくても責められる筋合いはないだろう。

[ **予想される結果** ]
C先生も、他の先生たちから軽蔑されるようになりました。

実践Ⅱ　関係をつくる事例

さて、A先生の発言に改善の余地はあるのでしょうか？
「アサーションのDESCを生かした会話例」
を以下に示しましたので、参考にしてください。（例：B先生との会話）

## A先生の発言がアサーティブになると…

 **A先生**：「この大雪で他の先生方は校門から生徒用昇降口までを雪かきしているんです。」（**D**）
「みんな生徒の安全を思って寒い中やっています。先生方もそれぞれお忙しいでしょうが、雪かきに協力していただけたらと思っています。」（**E**）
「生徒用昇降口の近くだけでもいいので雪かきを手伝ってもらえたらありがたいのですけど…」（**S**）

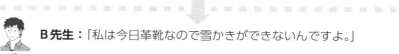

 **B先生**：「私は今日革靴なので雪かきができないんですよ。」

 **A先生**：「そうですか…じゃあ雪かき以外の作業で何かやっていただけないでしょうか？」（**C**）

 **B先生**：「雪かき以外の作業って、何かありますかねぇ？」

 **A先生**：「もうすぐ、学校まで生徒を送ってくる保護者の車が校門付近にたくさん来ると思いますので、車の誘導や交通整理などをやってくれると助かります。」（**C**）

 **B先生**：「うーん…分かりました。そのくらいならいいですよ。」

> アサーティブになるポイント

・A先生は、（C）で「じゃあ雪かき以外の作業で何かやっていただけないでしょうか？」と、相手の発言を受けて別の提案をしています。

1 協力依頼（する／される）

一方、B先生とC先生は、A先生の声かけに対してどんなコミュニケーションをとればよかったでしょうか？　攻撃的でも非主張的でもない「アサーションのDESCを生かした会話例」を以下に示しましたので、参考にしてください。（例：C先生との会話）

### C先生の発言がアサーティブになると…

 **A先生：**「他の先生方はみんな雪かきをしているんですよ！　少しは手伝ったらどうなんですか！？」

 **C先生：**「先生方がみんな大変な思いをして雪かきをしていらっしゃることは十分承知しています。でも、**今日はどうしても授業に間に合わせるために、このあとプリント教材を作らなければならないんです。**」（**D**）
「寒い中雪かきを頑張っている先生方に本当に申し訳なく思います。」（**E**）
「なるべく急いでプリントを作りますので、終わってから参加するのでもいいですか？」（**S**）

⬇

 **A先生：**「そういう事情なら仕方ないですね。」

 **C先生：**「あとは、授業の空き時間などに雪かきが終わっていないところをやりたいと思います。」（**C**）

> アサーティブになるポイント
>
> ・C先生は、（**D**）で「今日はどうしても授業に間に合わせるために、このあとプリント教材を作らなければならないんです。」と問題状況を共有しようとしています。

81

## 2　相談（する／される）

> **事例 24**　養護教諭が相談事を持ちかけられた事例

A先生

**B先生、ちょっと相談事があるのですが、いいですか?**

**事例概要**　生徒とのことで悩んでいる2年目のA先生が、B養護教諭に相談したいと考えて、保健室を訪れました。しかし、B養護教諭は健康診断の資料をまとめている最中です。

---

**今、資料の整理で手が離せないの。**
B養護教諭

[ 当事者の気持ち ]

全校生徒の健康診断の資料を、まとめていて忙しいということに気付かないのかしら。

[ 予想される結果 ]

A先生は、その後B養護教諭に相談に行くことはなくなりました。

**今?　…いいですよ。**
B養護教諭

[ 当事者の気持ち ]

せっかく相談に来てくれたから、話は聞くけれど、今じゃなくてもいい内容だったら、後悔するかも。

[ 予想される結果 ]

健康診断資料をまとめきれず、時間がかかってしまって提出が遅れました。

2　相談（する／される）

さて、A先生の発言に改善の余地はあるのでしょうか？
「アサーションのDESCを生かした会話例」
を以下に示しましたので、参考にしてください。

**A先生の発言がアサーティブになると…**

**A先生：**「B先生に相談したいことがあるんです。」（**D**）
「生徒のことで悩んでいて、行き詰まってしまって……。
B先生がこの時期お忙しいのはわかっているのですが。」
（**E**）
「10分くらいでよいので、お話を聞いていただけますか？」
（**S**）

⬇

**B養護教諭：**「A先生。なんだか元気がないですね。相談に来てくれてありがとう。じっくりと話を聞きたいので、今資料の整理を終わらせてしまうから、30分ほど待ってもらえますか？」

**A先生：**「分かりました。お忙しいときに申し訳ありません。B先生の手が空いたら、声を掛けてもらえるとうれしいです。」
（**C**）

アサーティブになるポイント

- A先生は、（S）で「10分くらいでよいので、お話を聞いていただけますか？」と具体的な提案をしています。

実践Ⅱ　関係をつくる事例

一方、B養護教諭は、A先生の声かけに対してどんなコミュニケーションをとればよかったでしょうか？　攻撃的でも非主張的でもない「アサーションのDESCを生かした会話例」を以下に示しましたので、参考にしてください。

**B養護教諭の発言がアサーティブになると…**

**A先生：**「B先生、ちょっと相談事があるのですが、いいですか？」

**B養護教諭：**「A先生、相談事？」（**D**）
　　　　　　「分かりました。ぜひ、話を聞かせてほしいわ。」
　　　　　　**「すぐにでも話を聞きたいところなのだけど、どうしても今、この資料だけは整理しなければならないの。」**
　　　　　　（**E**）
　　　　　　「30分くらい待ってもらえませんか？　なるべく早く片付けて、先生に声を掛けるので。」（**S**）

**A先生：**「分かりました。では、職員室で待っています。」

**B養護教諭：**「ありがとう。なるべく早く片付けるね。」（**C**）

**A先生：**「よろしくお願いします。」

　アサーティブになるポイント

- B養護教諭は、（E）で「すぐにでも話を聞きたいところなのだけど、どうしても今、この資料だけは整理しなければならないの。」と自分の気持ちを表現しています。

2　相談（する／される）

## 事例25　臨時採用教員が学年主任に分からないことを相談した事例

A先生

何でもかんでも私に聞かないでくれる!?

**事例概要**　初めてクラス担任になった臨時採用のB先生は、学年主任のA先生を頼りにしており、必ずA先生に相談し、確認してから仕事を進めようと心がけていました。いつものようにA先生に相談したときに突然強い口調で怒られて、驚いてしまいました。

---

分かりました。もうA先生には相談しません！
他の先生に相談します!!

B先生

[ **当事者の気持ち** ]
急に怒り出して驚いた。いったい何？　もういいわ！　頼りにしていたのに。

[ **予想される結果** ]
B先生は、A先生から「生意気だ」と思われるようになりました。

…（A先生を頼りにしていたのに…）
すみません…。

B先生

[ **当事者の気持ち** ]
いつもと違うなぁ。虫の居所が悪いのか、タイミングの悪いときに相談してしまった。これから相談しにくくなるなぁ。学年が2クラスしかないのに…。

[ **予想される結果** ]
B先生は、A先生に相談できなくなり、学年間のクラス運営に齟齬が生じるようになりました。

実践Ⅱ　関係をつくる事例

さて、Ａ先生の発言に改善の余地はあるのでしょうか？
「アサーションのDESCを生かした会話例」
を以下に示しましたので、参考にしてください。

**Ａ先生の発言がアサーティブになると…**

Ａ先生：「相談したいことがあるのね。でも、私も今は明日の研究授業の準備で手一杯だから、まとまった時間は取れそうもないの。」（**D**）
「それに、そろそろＢ先生にとって、自分一人で考えてやってみることが大事な時期に来ているのかなと思っていたところなの。」
「事前に自分でよく考えてから声をかけてくれると私も助かるのだけど。」（**E**）
**「例えば、相談なのか確認なのか、急を要するのかそうでないのかなど、意識することはできるかしら。」**（**S**）

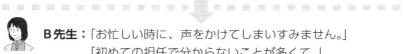

Ｂ先生：「お忙しい時に、声をかけてしまいすみません。」
「初めての担任で分からないことが多くて。」
「これからは、自分で判断して取り組んでみます。ただ、学年で足並みを揃えることも大事だと思うので、今後もＡ先生に相談させてください。」

Ａ先生：「私を頼りにしてくれていたのね。よく分かったわ。どうしても相談したいことや確認したいことがあるときは、声をかけてね。」（**C**）

Ｂ先生：「ありがとうございます。これからもご指導よろしくお願いします。」

**アサーティブになるポイント**

・Ａ先生は、（Ｓ）で「**例えば、相談なのか確認なのか、急を要するのかそうでないのかなど、意識することはできるかしら。**」と、**具体的な提案**をしています。

2　相談（する／される）

一方、B先生はA先生の声かけに対してどんなコミュニケーションをとればよかったでしょうか？　攻撃的でも非主張的でもない「アサーションのDESCを生かした会話例」を以下に示しましたので、参考にしてください。

**B先生の発言がアサーティブになると…**

 **A先生**：「何でもかんでも私に聞かないでくれる！？」

 **B先生**：「確かに、私、A先生に聞いてばかりですね。」（**D**）
「A先生の仕事を中断させてしまい、いつも申し訳なく思っています。」
「初めての担任で分からないことが多くて不安で、不安で。**いつもA先生が助けてくださるので、何とか頑張れているんです。私は、A先生をとても頼りにしています。**」（**E**）
「だから、A先生のご都合に合わせて、これからもいろいろ相談させていただきたいのですが、いいでしょうか？」（**S**）

⬇

 **A先生**：「そうだったのね。じゃあ、忙しい時はお互いに時間をみつけて声を掛け合っていきましょう。」

 **B先生**：「ありがとうございます。よろしくお願いします。」（**C**）

> アサーティブになるポイント
>
> ・B先生は、（E）で「いつもA先生が助けてくださるので、何とか頑張れているんです。私は、A先生をとても頼りにしています。」と、自分の気持ちを表現しています。

実践Ⅱ　関係をつくる事例

| 事例 26 | 保護者へ電話する場面でなかなか核心に迫れない初任者からの相談事例 |

A先生

B先生、保護者に電話をしてC君の忘れ物について改善をお願いしたのですが、なかなか分かってもらえなくて…

**事例概要**　初任者のA先生は、担任をしている生徒Cの保護者に忘れ物の改善を依頼する電話をしました。あまりはっきりと言ってしまうと、保護者との信頼関係を崩しかねないと思い、核心に迫れず、曖昧な表現で話をしました。しかし、保護者にうまく伝わらず、そのことについて先輩のB先生に相談しています。

---

## そんな遠回しの言い方だから伝わらないんだよ。

B先生

[ 当事者の気持ち ]
改善をお願いするなんて遠回しの言い方がよくない。もっとはっきり言えばいいものを。

[ 予想される結果 ]
A先生は、B先生が手厳しい人だと感じ、以後相談しなくなりました。

## まあ、いいんじゃない。そういうときもあるよ。

B先生

[ 当事者の気持ち ]
言い方が遠回しすぎるんだと思うけど。でも、そのことをはっきり伝えるとA先生も傷つくだろうし。

[ 予想される結果 ]
生徒Cの忘れ物も減らず、A先生の保護者対応のスキルも向上しませんでした。

2 相談（する／される）

さて、A先生の発言に改善の余地はあるのでしょうか？
「アサーションのDESCを生かした会話例」
を以下に示しましたので、参考にしてください。

**A先生の発言がアサーティブになると…**

**A先生：**「C君の忘れ物について保護者に改善のお願いの電話をしたのですが。」（**D**）
「あまり直接的に言うと、保護者との信頼関係が崩れてしまうのではと思い一般的な表現で話したところ、なかなか真意が伝わらなくて、何のために電話したのか分からない状況で終わってしまい釈然としないんです。」（**E**）
「もっとはっきりお願いした方がよかったのでしょうか？」（**S**）

**B先生：**「そうだね。注意するように保護者に言うのはなかなか難しいよね。今度は、どんな言い方がよいか、いくつか想定してから電話をしてみてはどうかな。いずれにしても、子どものために良いと思ったことはきちんと伝えた方がいいよね。」

**A先生：**「その通りですね。**今度、保護者に連絡するときはあらかじめ、言い方を考えておきたいと思います。**その時は、相談に乗ってもらえますか？」（**C**）

**B先生：**「もちろん。そうやって経験を積んでいくことは大切なことだよね。」

**アサーティブになるポイント**

・A先生は、（C）で「今度、保護者に連絡するときはあらかじめ、言い方を考えておきたいと思います。」と、相手の発言を受けて自分の考えを発展させています。

実践Ⅱ　関係をつくる事例

一方、B先生は、A先生の声かけに対してどんなコミュニケーションをとればよかったでしょうか？　攻撃的でも非主張的でもない「アサーションのDESCを生かした会話例」を以下に示しましたので、参考にしてください。

### B先生の発言がアサーティブになると…

**A先生**：「B先生、保護者に電話をしてC君の忘れ物について改善をお願いしたのですが、なかなか分かってもらえなくて…」

**B先生**：「保護者に意図が伝わらなかったんだね。」（**D**）
「せっかく、良かれと思って電話をしたのに、伝わらないのは釈然としないね。」
「保護者の思いに寄り添うことと、教師としてはっきりと言わなければならないことのバランスが大事だよね。それに保護者に電話をするときは緊張もすると思うしね。」（**E**）
「**今度は、電話をする前に私を保護者だと思って練習してから電話をかけてはどうかな。**」（**S**）

⬇

**A先生**：「ありがとうございます。ぜひ、次は練習をさせていただいてから、かけてみたいと思います。」

**B先生**：「協力するよ。」（**C**）

### アサーティブになるポイント

- B先生は、（**S**）で「今度は、電話をする前に私を保護者だと思って練習してから電話をかけてはどうかな。」と具体的な提案をしています。

2　相談（する／される）

| 事例 27 | 授業の進め方について新任教員から相談された事例 |

A先生

B先生、授業の進め方のことで相談したいことがあるんですけど、今日このあと話を聞いてもらえませんか？

**事例概要**　新規採用のA先生は、授業がなかなか思うように進められずに悩んでいました。先輩教員のB先生が「困ったらいつでも相談にのるよ」と言ってくれていたので、ある日、A先生はB先生に相談にのってほしいと声をかけました。しかし、B先生はこの日は部活指導で疲れており、早く退勤したいと考えています。

今日は疲れているんだよ！　見て分からないかな？　そういうところをちゃんと察してくれないと一緒に仕事をやっていけないよ。

B先生

[ **当事者の気持ち** ]
人にものを頼むときは、こちらの状況を見て頼むのが常識だろう。確かに「相談にのる」とは言ったけど、疲れているから今は無理！　これだから「場の空気を読むことができない」今の若手はダメなんだよ！

[ **予想される結果** ]
A先生は、頼りにしていたB先生に「裏切られた」と失望を感じました。

あ、ああ…分かったよ…いいよ
（本当は疲れているので、今は嫌だなぁ）。

B先生

[ **当事者の気持ち** ]
全くよりによってこんなに疲れているときに、嫌だなぁ…。でも、以前「相談にのる」って言ってしまった以上、疲れているなんて弱音を吐くのは先輩として格好悪いな…。

[ **予想される結果** ]
B先生はこの日帰りが遅くなり、翌日、体調を崩して休んでしまいました。

実践Ⅱ　関係をつくる事例

さて、A先生の発言に改善の余地はあるのでしょうか？
「アサーションのDESCを生かした会話例」
を以下に示しましたので、参考にしてください。

## A先生の発言がアサーティブになると…

**A先生：**「B先生、授業の進め方で相談したいことがあるんです。」（**D**）
「**部活指導のあとでお疲れのところ申し訳ないです。**授業が思うように進められず、**どうしたらいいのか分からなくなっているんです。**」（**E**）
「今日このあとどこかでお時間をとっていただくことはできますか？」（**S**）

**B先生：**「ごめんね、今日はちょっと都合が悪いんだ。」
「でも、明日の放課後なら時間をつくれるからその時でいいかな？」

**A先生：**「明日の放課後ですね。ありがとうございます。私も大丈夫です。」（**C**）

**B先生：**「『いつでも相談にのる』と言っておきながら、今日相談にのれなくてごめんね。」

アサーティブになるポイント

・A先生は、（E）で「部活指導のあとでお疲れのところ申し訳ないです。」「どうしたらいいのか分からなくなっているんです。」と、相手への共感・自分の気持ちを表現しています。

2 相談(する/される)

一方、B先生は、A先生の声かけに対してどんなコミュニケーションをとればよかったでしょうか? 攻撃的でも非主張的でもない「アサーションのDESCを生かした会話例」を以下に示しましたので、参考にしてください。

**B先生の発言がアサーティブになると…**

**A先生:**「B先生、授業の進め方のことで相談したいことがあるんですけど、今日このあと話を聞いてもらえませんか?」

**B先生:**「授業の進め方について相談したいんだね。」(**D**)
「実は、**今日は部活指導ですっかり疲れてしまって早く退勤したいと思っているんだ。『いつでも相談にのる』と言っておきながら今日時間をつくれなくてごめんね。**」(**E**)
「明日の放課後なら時間取れるけど、それでもいいかなぁ?」(**S**)

**A先生:**「今すぐB先生に話を聞いてもらいたい気持ちなんですけど…でも、明日お時間をつくっていただけるので嬉しいです。ありがとうございます。」

**B先生:**「明日の放課後は、私も他の用事を入れないようにするからね。」(**C**)

> アサーティブになるポイント

- B先生は、(E)で「今日は部活指導ですっかり疲れてしまって早く退勤したいと思っているんだ。『いつでも相談にのる』と言っておきながら今日時間をつくれなくてごめんね。」と自分の気持ちを表現しています。

実践Ⅱ　関係をつくる事例

### 事例28　食事中にパソコンの使い方を教えてほしいと言われた事例

A先生

お食事中すみません。エクセルの使い方で分からないところがあるので、ちょっと来てもらって教えてもらえませんか？

**事例概要**　お昼休みの終了間際、担当する図書委員会の指導を終えたB先生は、昼食を急いでとっていました。そこへA先生が、パソコンの得意なB先生に「エクセルの使い方で分からないところを教えてほしい」とお願いをしました。

---

A先生！　私は今時間がない中食事しているんですが、今じゃなきゃダメなんですか!?　そんな些細なことでいちいち助けを求めないでください！

B先生

[ 当事者の気持ち ]
そんな些細なこと今じゃなくてもいいだろう。私の状況が分からないのか。食事も終えていないというのに…。「お食事中すみません」って最初に言えば、食事中でも仕事を頼んでよいと思っているところが図々しい！

[ 予想される結果 ]
B先生から苦情を受けたA先生は、ムッとして黙り込んでしまいました。

あ、はい…今行きますね…。

B先生

[ 当事者の気持ち ]
こっちは食事中なのに…。これじゃ昼休みの時間内に食べ終わらないよ。でも断ったらA先生からあとで恨まれるだろうし人間関係も悪くなるだろうな…。ああ嫌だ！　何で私はいつも損な役回りなんだろう！

[ 予想される結果 ]
B先生はお昼ご飯を食べ終えることができず、空腹のまま午後の授業に向かいました。

2 相談(する/される)

さて、A先生の発言に改善の余地はあるのでしょうか？
「アサーションのDESCを生かした会話例」
を以下に示しましたので、参考にしてください。

### A先生の発言がアサーティブになると…

**A先生：**「お食事中すみません。エクセルの使い方でどうしても分からないところがでてきて困っています。」（**D**）
「どこかで先生に教えていただけたらなぁと思っているんです。」（**E**）
「お忙しい中申し訳ありませんが、**今日か明日で教えていただく時間をとっていただくことは可能でしょうか？**」（**S**）

⬇

**B先生：**「A先生、大変申し訳ないですが、今は委員会指導が終わって急いでお昼ご飯を食べているところなんです。」
「予定表が今は手元にないので…もし今すぐでなくてもよいなら、今日の放課後にお手伝いできるかと思います。それでいいですか？」

**A先生：**「ありがとうございます！　もちろんそれで結構です。」（**C**）

**B先生：**「お困りでお急ぎのところすみませんが、それでは放課後にお手伝いさせてもらうことにします（笑）。」

> **アサーティブになるポイント**
>
> ・A先生は、（S）で「今日か明日で教えていただく時間をとっていただくことは可能でしょうか？」とNOの返答も想定した表現をしています。

実践Ⅱ　関係をつくる事例

一方、B先生は、A先生の声かけに対してどんなコミュニケーションをとればよかったでしょうか？　攻撃的でも非主張的でもない「アサーションのDESCを生かした会話例」を以下に示しましたので、参考にしてください。

## B先生の発言がアサーティブになると…

**A先生**：「お食事中すみません。エクセルの使い方で分からないところがあるので、ちょっと来てもらって教えてもらえませんか？」

**B先生**：「A先生、お困りのようですね。」
「**今すぐA先生のお力になりたいところなんですが、今は委員会指導が終わったばかりで、急いでお昼ご飯を食べているところなんです。**」（**D**）
「次の時間も授業が入っていて、昼休み中にお昼ご飯を済ませたいので…」（**E**）
「今日の放課後でもいいですか？」（**S**）

⬇

**A先生**：「あ、そんなにお忙しいとは思わずに軽率にお願いしてしまってごめんなさい。」
「では、今日の放課後にお願いします。」

**B先生**：「お気になさらないでください！　パソコンの使い方で分からなくなってしまうと焦ってしまうことがありますよね（笑）。」（**C**）

> **アサーティブになるポイント**
>
> ・B先生は、（D）で「**今すぐA先生のお力になりたいところなんですが、今は委員会指導が終わったばかりで、急いでお昼ご飯を食べているところなんです。**」と問題状況を描写しています。

2 相談（する／される）

| 事例 | 教務主任になり、提出すべき書類がどんどん溜まっ |
| 29 | てしまった事例 |

A先生

> 月末までに教育委員会に報告や提出しなければならない書類が溜まってしまいました。どの書類から片付ければよいでしょうか？

**事例概要** A先生は、本年度、初めて教務主任を担当することになりました。校内の重要な業務を任されることになったA先生は、最初は張り切って仕事に臨んでいました。しかし、仕事の順序や要領が初めてでよく分からず、教育委員会への提出文書や報告文書がどんどん溜まってしまってB教頭に助けを求めました。

⬇

> まずはご自身で考えたらどうですか！
> 最初から人に頼ってはいけないよ！

B教頭

[ **当事者の気持ち** ]

私だって忙しいんだから、そういう段取りこそまずは自分で考えるべきで、最初から私に相談するなんて頼りすぎだ。初任者ではあるまいし、全てきちんとできて当たり前なのに何を言っているんだ。

[ **予想される結果** ]

A先生はショックを受け、提出物を片付ける気力を失ってしまいました。

> 初めてだと分からないですよね。
> じゃあ、私が代わりにやっておいてあげるよ。

B教頭

[ **当事者の気持ち** ]

きっと書類がいっぱいで回らなくなっているんだろうな。こんなに頼りにならないとは思わなかった。でもそのことを指摘してA先生が自信をなくして休んでしまっても困るし…。今回は自分がやってしまった方が早いな。

[ **予想される結果** ]

B教頭に全て助けてもらい、A先生はすっかり自信を失ってしまいました。

実践Ⅱ　関係をつくる事例

さて、A先生の発言に改善の余地はあるのでしょうか？
「アサーションのDESCを生かした会話例」
を以下に示しましたので、参考にしてください。

### A先生の発言がアサーティブになると…

**A先生**：「教育委員会への提出文書4件と報告文書5件で、そのうち締切日が2日後のものが2件あります。」（**D**）
「書類がどんどん溜まってしまい、**どの書類から片付ければよいかさえ分からなくなり、全く混乱してしまっています。**」（**E**）
「教頭先生、まずどの書類から片付ければよいか、アドバイスをいただけますか？」（**S**）

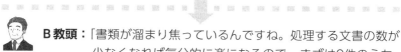

**B教頭**：「書類が溜まり焦っているんですね。処理する文書の数が少なくなれば気分的に楽になるので、まずは9件のうち、締切が迫っているものからやってみてはどうかな？」

**A先生**：「確かに、締切が迫っている書類が早く片付くと気分的に楽になれそうです。」（**C**）

**B教頭**：「でも、あまり無理をしないように…もし、何か私に相談したいことがあったら遠慮しないで言ってくださいね。」

**アサーティブになるポイント**

・A先生は、（**E**）で「どの書類から片付ければよいかさえ分からなくなり、全く混乱してしまっています。」と自分の状況を表現しています。

2 相談 (する／される)

一方、B教頭は、A先生の声かけに対してどんなコミュニケーションをとればよかったでしょうか？ 攻撃的でも非主張的でもない「アサーションのDESCを生かした会話例」を以下に示しましたので、参考にしてください。

**B教頭の発言がアサーティブになると…**

 **A先生**：「月末までに教育委員会に報告や提出しなければならない書類が溜まってしまいました。どの書類から片付ければよいでしょうか？」

 **B教頭**：「どの書類から取りかかればよいか分からなくなっているみたいだね？」（**D**）
「初めての教務主任で大変だと思うけど、A先生にはそれをこなせるだけの力があるのだし、私も応援しているからあまり焦らないでね。」（**E**）
「締切が近いものからやってみたらどう？」（**S**)

 **A先生**：「ありがとうございます。『応援している』という言葉で元気になれそうな気がします。とりあえず締切が近いものから頑張って処理します。」

 **B教頭**：「もし何か私に相談したいことがあったら遠慮しないで言ってね。」（**C**）

 **A先生**：「分かりました。文書作成の際に分からないことがあるかもしれませんので、そのときはまた相談します。」

> アサーティブになるポイント

・B教頭は、（D）で「どの書類から取りかかればよいか分からなくなっているみたいだね？」と相手と共通の基盤をつくっています。

# 3 指導（する／される）

**事例 30** 授業訪問を行った管理職から授業について指導を受ける事例

A教頭

B先生、今日の授業のまとめ方が少し雑だったように感じたよ。もっとねらいに即したまとめ方を工夫してみてはどうだろうか。

**事例概要** B先生は、授業訪問をしたA教頭から、授業のまとめ方についてもっとねらいに即したものとするよう指導を受けました。自分としては工夫した授業を行ったという意識がありました。

自分では工夫したよくできた
授業だったと思います。

B先生

[ 当事者の気持ち ]
まとめ方が雑とは何だ。あれだけ工夫して行ったのにA教頭は認めてくれない。厳しい人だ。

[ 予想される結果 ]
A教頭は、B先生に対して自信過剰な人だという印象をもちました。

はあ、そうですか。

B先生

[ 当事者の気持ち ]
あれだけ工夫したつもりなのに、雑と言われてはショックだ。

[ 予想される結果 ]
改善する指導も受けないので、いつまでも自己流の授業を実施していました。

3 指導(する/される)

さて、A教頭の発言に改善の余地はあるのでしょうか？
「アサーションのDESCを生かした会話例」
を以下に示しましたので、参考にしてください。

### A教頭の発言がアサーティブになると…

**A教頭**：「今日の2時間目の授業のまとめの部分についてなんだけど。」（**D**）
「活発な議論ができた点を評価したことはよかったと思うけど、もう少しねらいに即したまとめ方の工夫があったら、もっとよかっただろうなと思ったんだ。」（**E**）
「**B先生はどう考えてあのまとめ方にしたのかな？**」（**S**）

⬇

**B先生**：「生徒がいろいろな意見を出し合って話し合いができたので、そこはとてもよかったと思いました。生徒の言葉でまとめたかったので、少しねらいからずれてしまったとは思いました。」

**A教頭**：「そうでしたか。生徒主体の授業を展開したことはとてもよいことだと思いますよ。ねらいからずれてしまったと思ったということなので、補足や修正も必要だったかもしれませんね。」（**C**）

**B先生**：「ありがとうございます。次の授業の時にもう一度、確認しておきたいと思います。」

> アサーティブになるポイント

- A教頭は、（**S**）で「B先生はどう考えてあのまとめ方にしたのかな？」と相手の考えを聞く質問をしています。

実践Ⅱ　関係をつくる事例

一方、B先生は、A教頭の声かけに対してどんなコミュニケーションをとればよかったでしょうか？　攻撃的でも非主張的でもない「アサーションのDESCを生かした会話例」を以下に示しましたので、参考にしてください。

**B先生の発言がアサーティブになると…**

**A教頭：**「B先生、今日の授業のまとめ方が少し雑だったように感じたよ。もっとねらいに即したまとめ方を工夫してみてはどうだろうか。」

**B先生：**「授業のまとめ方についてですね。」（**D**）
「**自分でも、少し強引なまとめ方だったと思っていました。どのようにしたらよいか、迷っているところです。**」（**E**）
「ご指導いただけますか？」（**S**）

**A教頭：**「そうですね。では、私の感じたことについてお伝えしたいと思います。また、教科主任のC先生にも授業のまとめ方について教えてもらうとよいかもしれませんね。放課後は時間がありますか？」

**B先生：**「はい、ありがとうございます。放課後、よろしくお願いします。」（**C**）

**アサーティブになるポイント**

・B先生は、（E）で「**自分でも、少し強引なまとめ方だったと思っていました。どのようにしたらよいか、迷っているところです。**」と自分の気持ちを表現しています。

## 3 指導（する／される）

| 事例 31 | 家庭訪問後、保護者に話した内容について校長から指導を受けた事例 |

A校長

> ダメじゃないですか、家庭訪問で子どもの悪いことばかり伝えてきては！

**事例概要** 教員3年目のB先生は、家庭訪問の時、C君の母親にC君は普段忘れ物が多いこと、よく嘘をつくことなどを伝えようと決めていました。一方、C君の母親は、B先生から子どものよい点を聞きたいと考えていました。しかし、B先生は母親にC君の課題しか伝えず、母親はただ驚いて黙って聞くことしかできませんでした。家庭訪問後、C君の母親は、A校長宛にB先生に対する苦情の電話をかけました。その後、B先生はA校長に叱られてしまいました。

⬇

> ぼくは、保護者に事実を伝えただけです。きちんと伝えるべきだと思っていました。

B先生

[ 当事者の気持ち ]
悪いこともきちんと伝えるべきだから、自分は間違っていない。

[ 予想される結果 ]
A校長は、B先生の開き直る態度にあきれてしまいました。C君の母親はB先生のことを信頼できなくなりました。

> …（えっ、いけなかった？）すみませんでした…。

B先生

[ 当事者の気持ち ]
何がいけなかったんだろう。でもA校長が怒っているからとりあえず謝ろう。

[ 予想される結果 ]
B先生は、C君の母親への接し方が分からなくなり、悩んでしまいました。

実践Ⅱ　関係をつくる事例

さて、A校長の発言に改善の余地はあるのでしょうか？
「アサーションのDESCを生かした会話例」
を以下に示しましたので、参考にしてください。

## A校長の発言がアサーティブになると…

**A校長：**「B先生、ちょっといいですか。今、C君の母親から『B先生は家庭訪問でうちの子の悪いことしか言わないんです。私はショックでした。』という電話があったんだ。」（**D**）
「**家庭訪問で子どもの悪いことばかり伝えられて、母親は担任から『困った子』というレッテルを貼られたように思ったんじゃないかな。**」（**E**）
「B先生は何を母親に伝えたかったのかな？」（**S**）

**B先生：**「C君に対する指導の仕方について私が悩んでいることを分かって欲しかったし、母親に事実を伝えて、C君のためにできることを一緒に考えたいと思っていました。」

**A校長：**「B先生は、C君のことで悩んでいたんですね。C君のことは、一緒に対応策を考えていきましょう。B先生はこれからC君の母親に対してどうしたいですか？」（**C**）

**B先生：**「謝りたいです。C君の課題ばかり伝えてしまいました。」

**A校長：**「そうですか。ぜひC君のよい点も伝えてください。自分の子のよいところを担任の先生に認めてもらうと親は安心しますよ。まずは、お母さんと信頼関係を築くことが大切です。早いほうがいいですね。」（**C**）

**B先生：**「分かりました。今すぐ連絡を入れます。」

**アサーティブになるポイント**

・A校長は、（E）で「**家庭訪問で子どもの悪いことばかり伝えられて、母親は担任から『困った子』というレッテルを貼られたように思ったんじゃないかな。**」という自分の推測を表現しています。

3 指導(する/される)

一方、B先生は、A校長の声かけに対してどんなコミュニケーションをとればよかったでしょうか？ 攻撃的でも非主張的でもない「アサーションのDESCを生かした会話例」を以下に示しましたので、参考にしてください。

### B先生の発言がアサーティブになると…

**A校長**：「ダメじゃないですか、家庭訪問で子どもの悪いことばかり伝えてきては！」

**B先生**：「何か、連絡があったのでしょうか？」

**A校長**：「C君の母親から電話があって、『B先生は家庭訪問でうちの子の悪いことしか言わない。大変ショックだった。』と言っていましたよ。」

**B先生**：「C君のお母さんから電話があったんですね。」（**D**）
「校長先生、ご迷惑をおかけしてすみません。**実はC君は忘れ物が多くよく嘘をついてしまうので、それを母親に伝えて、C君への対応の仕方を一緒に考えようと思っていました。**でも、時間が足りなくてお母さんに伝えたのはC君の課題点ばかりだったので、嫌な思いをさせてしまったと思っています。」（**E**）
「お母さんに今すぐ電話をかけて、謝りたいと思います。」（**S**）

⬇

**A校長**：「そうですか。では、お願いします。」

**B先生**：「はい。」（**C**）

**アサーティブになるポイント**

・B先生は、（E）で「実はC君は忘れ物が多くよく嘘をついてしまうので、それを母親に伝えて、C君への対応の仕方を一緒に考えようと思っていました。」と、自分の考えを表現しています。

実践Ⅱ　関係をつくる事例

| 事例 32 | 休み時間が終了しても教室に戻らない子どもに対する指導を求められた事例 |

A教頭

B先生のクラスの児童が、休み時間終了のチャイムが鳴ってもまだ外で遊んでいたけれど、気づかなかった?! クラスは大丈夫?! 子どもたちに指導できてるの?!

**事例概要**　B先生は、5年目の教員です。休み時間が終わってもB先生のクラスの児童が数名まだ外で遊んでいました。A教頭は、最近B先生のクラスの児童の様子が気になっていました。B先生は放課後、A教頭に呼ばれて指導を受けました。B先生は、自分ではちゃんと指導できていると思っています。しかし、実際は子どもたちの指導が徹底されておらず、規律が乱れ始めていました。

---

ちゃんと指導しています。それなのに、子どもたちが勝手なことをしているだけです!!

B先生

[ 当事者の気持ち ]
あんな言い方してひどい。私はちゃんと指導している。でも子どもたちが言うことを聞かないだけなのに。A教頭先生は何も分かっていない。

[ 予想される結果 ]
B先生は、A教頭先生からの信頼を失いました。

…すみません。…でも…。

B先生

[ 当事者の気持ち ]
外で遊んでいたことに気づかなかったなぁ。今日は、たまたまチャイムに気がつかなかったのかな。あんなふうに言われると自信をなくすな。何を言っても分かってもらえなさそうだ。

[ 予想される結果 ]
B先生は、A教頭先生が苦手になりました。

3 指導(する／される)

さて、A教頭の発言に改善の余地はあるのでしょうか？
「アサーションのDESCを生かした会話例」
を以下に示しましたので、参考にしてください。

**A教頭の発言がアサーティブになると…**

 **A教頭:**「B先生のクラスの児童4人が、昼休み終了のチャイムが鳴ってもまだ外で遊んでいたよ。」(**D**)
「B先生はもちろんしっかり指導をしているんだろうけど、**どうなっているのかなぁと気になったので、来てもらったの。**」(**E**)
「先生は今日のこと気づいていたの？」(**S**)

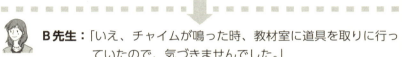

**B先生:**「いえ、チャイムが鳴った時、教材室に道具を取りに行っていたので、気づきませんでした。」

 **A教頭:**「なるほど。気づいていなかったのね。正直に話してくれてありがとう。先生自身が時間を守ることが子どもたちへの指導の第一歩です。子どもたちは先生の後ろ姿を見て育つから、今後は気を付けてくださいね。学級経営で上手くいかないことがあったら、学年主任や管理職に相談してください。」(**C**)

 **B先生:**「分かりました。ご指導ありがとうございます。」

> アサーティブになるポイント

・A教頭は、（E）で「どうなっているのかなぁと気になったので、来てもらったの。」と自分の気持ちを表現しています。

実践Ⅱ　関係をつくる事例

一方、B先生は、A教頭の声かけに対してどんなコミュニケーションをとればよかったでしょうか？　攻撃的でも非主張的でもない「アサーションのDESCを生かした会話例」を以下に示しましたので、参考にしてください。

### B先生の発言がアサーティブになると…

**A教頭：**「B先生のクラスの児童が、休み時間終了のチャイムが鳴ってもまだ外で遊んでいたけれど、気づかなかった？！　クラスは大丈夫？！　子どもたちに指導できてるの？！」

**B先生：**「うちのクラスの児童の件ですが。」（**D**）
「教頭先生、**お騒がせして申し訳ありません。自分ではきちんと指導しているつもりですが、まだ至らない点があるようです。私の足りない点についてお気付きでしたら、ぜひアドバイスをいただきたいのですが。**」（**E**）
「お願いできますでしょうか。」（**S**）

**A教頭：**「分かりました。」

**B先生：**「よろしくお願いします。」（**C**）

---

**アサーティブになるポイント**

- B先生は、（E）で「**お騒がせして申し訳ありません。自分ではきちんと指導しているつもりですが、まだ至らない点があるようです。私の足りない点についてお気付きでしたら、ぜひアドバイスをいただきたいのですが。**」と、自分の気持ちを表現しています。

3 指導(する/される)

| 事例 33 | 同じ失敗を繰り返してしまう初任者が指導される事例 |

A先生

> どうして何度言っても子どもたちにはっきり指示できないの？！

**事例概要** 初任者のB先生は、自分に自信がなく、子どもたちに明確な指示を出すことができません。指導教員のA先生は、B先生にはっきりした分かりやすい指示を出すよう、1ヶ月間にわたり指導を継続しています。しかし、B先生は相変わらず曖昧な指示を出してしまい、子どもたちを混乱させてしまうことがしばしば見られるため、A先生は思わず咎めるような言い方をしてしまいました。

↓

> 分かっています!! 分かっているけれど、うまくいかないんです!

B先生

**[ 当事者の気持ち ]**
言われてすぐにできたら苦労しない。私もどうしたらよいか分からず悩んでいるのに、その気持ちを分かってくれない。なんでそんな言い方をするのか。

**[ 予想される結果 ]**
A先生は、B先生の開き直る態度にあきれてしまいました。

> 何度言われてもできなくて、すみません。

B先生

**[ 当事者の気持ち ]**
分かっているのだけど、できない。自分は教師に向いていないのかな。自信をなくしちゃうな。

**[ 予想される結果 ]**
B先生は、さらに自信をなくし、子どもたちになかなか指示を出せなくなってしまいました。

実践Ⅱ　関係をつくる事例

さて、A先生の発言に改善の余地はあるのでしょうか？
「アサーションのDESCを生かした会話例」
を以下に示しましたので、参考にしてください！

### A先生の発言がアサーティブになると…

**A先生：**「B先生、今日も子どもたちにはっきりした指示を出せなかったね。」（**D**）
「全体に指示を出そうと思うと不安になって声も小さくなっちゃうのかな。**なんとかやれそうなことを見つけたいね。**」（**E**）
「B先生としては、どんなことを工夫しているの？」（**S**）

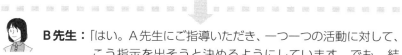

**B先生：**「はい。A先生にご指導いただき、一つ一つの活動に対して、こう指示を出そうと決めるようにしています。でも、結局うまく言えなくて…。」

**A先生：**「そうだったのね。どんな指示を出すか決めているのに、どうして違う言い方をしてしまうのかな。」（**C**）

**B先生：**「予想してなかったことを質問されると、どうしてよいか分からなくなってしまいます。」

**A先生：**「なるほど、混乱してしまうのね。次こそ、自分にはできるって、自信をもって進めてみようか。」（**C**）

**B先生：**「分かりました。やってみます。ありがとうございます。」

**アサーティブになるポイント**

・A先生は、（E）で「なんとかやれそうなことを見つけたいね。」と自分の気持ちを表現しています。

3 指導(する/される)

一方、B先生はA先生の声かけに対してどんなコミュニケーションをとればよかったでしょうか? 攻撃的でも非主張的でもない「アサーションのDESCを生かした会話例」を以下に示しましたので、参考にしてください。

**B先生の発言がアサーティブになると…**

**A先生:**「どうして何度言っても子どもたちにはっきり指示できないの?」

**B先生:**「どうしてもうまくいかないんです。」(**D**)
「自分でも分かっているのですが、**子どもたちから予想外のことを質問されたりすると、どうしていいか分からなくなってしまうのです。**」(**E**)
「どうしたらうまくいくのでしょうか。」(**S**)

**A先生:**「しっかり教材研究をすること。何をどう指導するかを予めきちんと決めておくこと。まず、この2つのことを意識して子どもたちへ指示を出していくようにしてみるといいわね。あとは状況に応じて臨機応変に指示が出せるよう心がけていくことね。」

**B先生:**「ありがとうございます。やってみます。」(**C**)

**アサーティブになるポイント**

- B先生は、(E)で「子どもたちから予想外のことを質問されたりすると、どうしていいか分からなくなってしまうのです。」と自分の状況を具体的に表現しています。

実践Ⅱ　関係をつくる事例

| 事例 34 | 個人の荷物を教室に置いている先生が指導される事例 |

A教頭

B先生、教室に先生の私物が置いてあるようだけど片付けてくれる？

**事例概要**　B先生の担任する教室に、授業で使用しようと考えている私物が置いてあります。私物を教室に放置するのはよくないので、A教頭が片付けるように指導しています。

えー？　別にいいじゃないですか。
誰にも迷惑かけてないし…

B先生

[ 当事者の気持ち ]

そのくらい誰でもやっているのに、細かいことにこだわるA教頭だ。誰に迷惑をかけていることでもないし。

[ 予想される結果 ]

私物が放置されたままだったので、A教頭は、指導したにもかかわらず…という不愉快な気分になり、B先生との信頼関係が崩れていきました。

（何も言わず、不機嫌そうに片付けた。）

B先生

[ 当事者の気持ち ]

そのくらい大目に見てもいいのに。細かいことにこだわるA教頭だ。

[ 予想される結果 ]

B先生は、細かい教頭に指導されて、いやいや取り組んだという気持ちになりました。

3 指導(する/される)

さて、A教頭の発言に改善の余地はあるのでしょうか？
「アサーションのDESCを生かした会話例」
を以下に示しましたので、参考にしてください。

**A教頭の発言がよりアサーティブになると…**

A教頭：「教室の隅に置いてある荷物はB先生の私物だよね。」（**D**）
「授業で使おうと思って置かれているものかもしれないけど、教室には私物を置かないことになっているので、これはまずいと思うんだ。」（**E**）
「今週中に片付けてもらえる？」（**S**）

B先生：「すみませんでした。授業が終わるまでしばらくの間と思っていたのですが、今週中に片付けます。」

A教頭：「よろしくお願いしますね。」（**C**）

アサーティブになるポイント

・A教頭は、（**E**）で「授業で使おうと思って置かれているものかもしれないけど、教室には私物を置かないことになっているので、これはまずいと思うんだ。」と自分の気持ちを表現しています。

実践Ⅱ　関係をつくる事例

一方、B先生は、A教頭の声かけに対してどんなコミュニケーションをとればよかったでしょうか？　攻撃的でも非主張的でもない「アサーションのDESCを生かした会話例」を以下に示しましたので、参考にしてください。

## B先生の発言がアサーティブになると…

**A教頭**：「B先生、教室に先生の私物が置いてあるようだけど片付けてくれる？」

**B先生**：「教室にあるあの荷物のことですか？」（**D**）
「確かに、私物ではあるのですが、授業で使うものなので教室に置いておきました。」（**E**）
「今週の金曜日の授業で使い終わったら片付けますので、それまで置いておいてもよいでしょうか。」（**S**）

**A教頭**：「そうでしたか。とは言っても、教室に置いておいてB先生の大切なものが壊れたりしては大変なので、別のところに保管してはどうでしょうか。」

**B先生**：「そうですね。では、金曜日まで倉庫に置かせてもらいます。」（**C**）

**A教頭**：「ありがとう。じゃ、よろしくお願いします。」

**アサーティブになるポイント**

- B先生は、（C）で「では、金曜日まで倉庫に置かせてもらいます。」と相手の発言を受け止めて、新たな提案をしています。

## 4　批判（する／される）

**事例 35**　作業の手順が違うと管理職から叱責された事例

A教頭：書類を作成してから私の確認を求めるなんて、作業の手順が違うじゃないか!!

**事例概要**　B先生は、研究部会の部長を務めています。本来ならば、A教頭に確認してから書類を作成するべきなのですが、A教頭がとても忙しそうだったので、気を利かせて、先に書類を作成してからA教頭に確認してもらおうとしました。すると、手順が違うと教頭に叱られてしまいました。

B先生：手順が違うことぐらい分かっています！どうしてそんな言い方をするんですか?!

[ **当事者の気持ち** ]
A教頭が忙しそうだったから、気を利かせてやったことなのに、全く分かってくれない。それにそんなに頭ごなしに怒らなくてもいいのではないか。

[ **予想される結果** ]
B先生は、A教頭に生意気で勝手な人だと思われてしまいました。

B先生：…（A教頭のことを考えてしたことなのに…でもここで話しても、言い訳になってしまう。）すみません。

[ **当事者の気持ち** ]
A教頭のことを考えてやったのだけれど。でもここでそう言ってもきっと伝わらないのだろうな。

[ **予想される結果** ]
B先生は、A教頭のためによかれと思って自分がしたことを後悔しました。

実践Ⅱ　関係をつくる事例

さて、A教頭の発言に改善の余地はあるのでしょうか？
「アサーションのDESCを生かした会話例」
を以下に示しましたので、参考にしてください。

### A教頭の発言がアサーティブになると…

**A教頭：**「B先生、研究部会の書類の確認をしてほしいということだけど、本来は私に確認してから書類を作成するはずのものだよね。」（**D**）
「**気を利かせてやってくれたのかもしれないけれど、B先生に任せるかどうかも判断したいので**、私が忙しく見えても声をかけてくれるとありがたいな。」（**E**）
「今後はそうしてくれるかな？」（**S**）

**B先生：**「すみませんでした。教頭先生がとてもお忙しそうだったので、できることは進めておこうと思って、先に書類を作成してしまいました。」

**A教頭：**「こちらこそ、B先生に気を遣わせてしまって悪かったね。これからはもう少し余裕をもつようにするね。」（**C**）

**B先生：**「いえいえ、以後、気を付けます。」

> **アサーティブになるポイント**
>
> ・A教頭は、（E）で「気を利かせてやってくれたのかもしれないけれど、B先生に任せるかどうかも判断したい」と、相手への共感・自分の考えを表現しています。

4 批判（する／される）

一方、B先生は、A教頭の声かけに対してどんなコミュニケーションをとればよかったでしょうか？　攻撃的でも非主張的でもない「アサーションのDESCを生かした会話例」を以下に示しましたので、参考にしてください。

**B先生の発言がアサーティブになると…**

**A教頭**：「書類を作成してから私の確認を求めるなんて、作業の手順が違うじゃないか！！」

**B先生**：「すみません。**研究部会の書類については、教頭先生に確認いただいてから作成するものだということは、もちろん分かっていました。**」（**D**）
「でも、教頭先生がとてもお忙しそうだったので、自分にできることはやっておこうと思い、作業を進めてしまいました。」（**E**）
「次からは、手順のとおり、必ず教頭先生に確認してから進めます。」（**S**）

↓

**A教頭**：「これからは私が忙しく見えても声を掛けてくれるとありがたい。」

**B先生**：「分かりました。以後気を付けます。」（**C**）

> アサーティブになるポイント
>
> ・B先生は、（D）で「研究部会の書類については、教頭先生に確認いただいてから作成するものだということは、もちろん分かっていました。」と、相手と共通の基盤をつくる表現をしています。

実践Ⅱ　関係をつくる事例

## 事例 36　同僚教員から「生徒指導が甘い」と責められた事例

A先生：B先生は生徒指導が甘いんじゃないですか。もっとビシビシ指導してもらわないと困るんですが…

**事例概要**　B先生が担任しているクラスには、他のクラスに比べて服装や頭髪などの校則違反をしている生徒が多くいます。日ごろ、B先生なりに一生懸命生徒たちに注意しているのですが、あまり改善されません。隣のクラスを担任しているA先生から責められてしまいました。

---

私なりに指導しています！　素行の悪い生徒たちを押し付けておいて、よくそんな言い方ができますね！　 B先生

**当事者の気持ち**
そんなこと言われたって困る。指導の大変な生徒たちを私に押し付けて、「対岸の火事」のようにうちのクラスを見ているA先生はずるい！

**予想される結果**
A先生とB先生はその後お互いに会話することがほとんどなくなりました。

…（言い返したいけれど我慢して何も言えない）…　 B先生

**当事者の気持ち**
これでも精一杯やっているんだが…でもそんなきつい言い方はないよなぁ。A先生にあそこまで言われて何も言い返せない自分が情けない…。

**予想される結果**
B先生は相変わらずきちんと指導できず、校則違反を繰り返す生徒が増える一方でした。

4　批判（する／される）

さて、A先生の発言に改善の余地はあるのでしょうか？
「アサーションのDESCを生かした会話例」
を以下に示しましたので、参考にしてください。

### A先生の発言がアサーティブになると…

 **A先生**：「先生のクラスには夏休み以降服装や頭髪の校則違反が改善されない生徒が3人いるよね。」（**D**）
「B先生も一生懸命指導しているとは思うんだけど、なかなか言うことを聞かない生徒もいるので、B先生が大変な苦労をしているんじゃないかなぁって心配なんだ。**学年全体でもう少し足並みを揃えて毅然とした指導ができれば、B先生の力になれるかと思うんだけど。**」（**E**）
「B先生はどう考える？」（**S**）

 **B先生**：「学年の先生方全員で指導してくれれば、生徒の状況も改善されると思うし、そうしてもらえると助かります。」

 **A先生**：「じゃあ、今度の学年会議で、学年全体で服装や頭髪の指導をどうしたらいいか話題にしてみよう。B先生のクラスの生徒は大変だけど、私も気付いたら注意するから、B先生も粘り強く注意していってね。」（**C**）

 **B先生**：「分かりました。私も頑張ります。」

> アサーティブになるポイント
>
> ・A先生は、（E）で「学年全体でもう少し足並みを揃えて毅然とした指導ができれば、B先生の力になれるかと思うんだけど。」と自分の考えを表現しています。

実践Ⅱ　関係をつくる事例

一方、B先生は、A先生の声かけに対してどんなコミュニケーションをとればよかったでしょうか？　攻撃的でも非主張的でもない「アサーションのDESCを生かした会話例」を以下に示しましたので、参考にしてください。

### B先生の発言がアサーティブになると…

**A先生**：「B先生は生徒指導が甘いんじゃないですか。もっとビシビシ指導してもらわないと困るんですが…」

**B先生**：「確かにうちのクラスには服装や頭髪の状況が改善されない生徒がいますが…」（**D**）
「でも、私なりに粘り強く生徒たちに言い聞かせたり、保護者に協力を仰いだりしているんですが。」（**E**）
「私の指導が甘いということなんですが…**具体的にどんな点でしょうか？　もし至らない点があったら教えてくれませんか？**」（**S**）

↓

**A先生**：「いや、その…具体的にどこがってわけじゃないんだけど。全体的にそんな感じがしたので…」

**B先生**：「じゃあ、もし実際の指導場面で何か気になることがあったら、その時に教えてくれるとありがたいのですが。」（**C**）

---

**アサーティブになるポイント**

- B先生は、（S）で「具体的にどんな点でしょうか？　もし至らない点があったら教えてくれませんか？」と、"指導の甘さ"を具体的に共有しようとする質問をしています。

4 批判（する／される）

| 事例 37 | 養護教諭が担任から、保健室に頻回来室する児童を早く教室に戻してほしいと言われた事例 |

A先生

「Cさんが度々保健室でお世話になっているんですが、なかなか戻って来なくて授業も遅れてしまい困るんですよ。もっと早く教室に戻してもらえませんか。」

**事例概要** Cさんは、宿題をずっと提出していないことについてA先生から指導されています。クラスの他児童からも宿題の提出について監視されているように感じています。保護者からA先生へは「宿題が終わらない、できない、やりたくないから学校に行きたくないと子どもが言っている。」と連絡が入っています。B養護教諭は、Cさんが来ると、毎回1対1で話を聞いている状態なので早くA先生に何とかして欲しいと考えています。

「具合が悪くなる直接の原因は宿題みたいですよ。毎回保健室に来させないで、A先生がちゃんとCさんと話してください。」  B養護教諭

**［ 当事者の気持ち ］**
私だって好きで居させているわけじゃない。他の保健室業務に差しさわりがあるので、こっちだって早く解決してほしい。

**［ 予想される結果 ］**
A先生がCさんを保健室に行かせないようにしたため、Cさんは学校に来られなくなりました。A先生とB養護教諭の関係も悪化しました。

「とりあえず保健室のルールで1時間は休ませていますけど…、Cさんが来たら、私はどうしたらいいですか。」  B養護教諭

**［ 当事者の気持ち ］**
Cさんはこのままでは不登校になってしまいそう。でも体の病気ではなさそう…。とりあえずA先生の望むことをやっておけばいいかな…。

**［ 予想される結果 ］**
保健室はケガや体調不良の時に、応急手当など体のことだけをケアする場所という認識が教職員に広がり、保健室での相談対応が停滞しました。

実践Ⅱ　関係をつくる事例

さて、A先生の発言に改善の余地はあるのでしょうか？
「アサーションのDESCを生かした会話例」
を以下に示しましたので、参考にしてください。

### A先生の発言がアサーティブになると…

**A先生**：「Cさんですが、ここ1週間は毎日保健室に行っています。教室で具合の悪さを度々訴えてきて、どうしても我慢できないようで行かせるのですが…。」（**D**）

「私は担任として、子どもたちの学習に責任があるので、クラスみんな同じように授業を受けて欲しいと考えているのですが、Cさんが頻繁に保健室に行ってしまい、困っています。B先生にCさんの保健室での様子を教えていただいて、これからの指導に活かしたいと思っています。」（**E**）

「Cさんは保健室でどんな様子ですか。」（**S**）

**B養護教諭**：「例えば、Cさんが保健室の来室カードに書かれた「場所」とか「時刻」といった漢字を理解していない様子から、Cさんの発達や学力が心配になったわ。宿題を怠けてやらないというより、理解できないんじゃないかと思うの。教育相談部を通してスクールカウンセラーに相談してはどうかしら。」

**A先生**：「そうですね、発達や学力の心配は、あるかもしれません。私もCさんのノートや提出物を再確認して、スクールカウンセラーに相談することを考えてみたいと思います。」（**C**）

> **アサーティブになるポイント**
>
> ・A先生は、（C）で「そうですね、発達や学力の心配は、あるかもしれません。私もCさんのノートや提出物を再確認して、スクールカウンセラーに相談することを考えてみたいと思います。」と、相手の発言を受けて自分のとる行動を提案しています。

4 批判(する/される)

一方、B養護教諭は、A先生の声かけに対してどんなコミュニケーションをとればよかったでしょうか？ 攻撃的でも非主張的でもない「アサーションのDESCを生かした会話例」を以下に示しましたので、参考にしてください。

**B養護教諭の発言がアサーティブになると…**

**A先生**：「Cさんが度々保健室でお世話になっているんですが、なかなか戻って来なくて授業も遅れてしまい困るんですよ。もっと早く教室に戻してもらえませんか。」

**B養護教諭**：「Cさんが授業に遅れて困っているのね。」
「ここ1週間は毎日来室していますね。椅子に座って休ませていると自分から私の机に寄ってきて話しかけてくるの。話を一通り聴き終わった頃に『これだけお話し出来るということは体調も良くなってきたみたいね。』と教室に行くように促しているの。」（**D**）
「私も早く教室に戻って授業に出てほしいわ。」
**「少しでも早く気持ちが授業に向かうよう話を聴いているつもりだけど、時間は意識していなかったわ。」**（**E**）
「Cさんが自分から話しかけてくるのを待つのではなく、時間を意識して私から話しかけてみますね。」（**S**）

⬇

**A先生**：「確かに気持ちが向かないと授業にも集中できないですね。B先生、よろしくお願いします。」

**B養護教諭**：「はい、分かりました。また状況をお知らせします。」（**C**）

**アサーティブになるポイント**

- B養護教諭は、（E）で「少しでも早く気持ちが授業に向かうよう話を聴いているつもりだけど、時間は意識していなかったわ。」と自分の気づきを表現しています。

実践Ⅱ　関係をつくる事例

| 事例 38 | 部活動での指導について教員間のトラブルが生じた事例 |

A先生

先生方、テニスコートは交代で使っているんだから、もっとしっかりコート整備をするよう部員たちに指導してくださいよ！

**事例概要**　女子テニス部顧問のA先生が勤務する高校では、テニスコートが全部で2面しかないため、男女テニス部やソフトテニス部が交代でコートを使用して部活動を行っています。しかし、A先生以外の顧問の先生は、テニスコートの整備の指導があまり徹底していません。A先生はそのことを不満に思っています。

---

女子テニス部だってコート整備ができていない日がありますよ！　そもそも私はテニスの専門家ではないのだから…A先生が男子の指導もしてください！

B先生

[ 当事者の気持ち ]
A先生だって指導できていない日もあるのに…。テニスの経験があるってだけで偉そうに「指導しろ！」と言うのがそもそも気に入らない。そんなことまで言われるのなら顧問を辞めたい。

[ 予想される結果 ]
B先生は、「もう、男子テニス部の顧問を辞めたい！」と校長に訴えました。

申し訳ありません…
私の指導が至らないことが全て悪いんです。

C先生

[ 当事者の気持ち ]
確かにそういう日もあるけど、そんなに強く言わなくてもいいのに…。本当は謝りたくないけどとりあえず謝るしかないや…悔しいけど。

[ 予想される結果 ]
あとでC先生は、「あなたたちのせいで怒られた！」とソフトテニス部の部員を叱りました。

4 批判(する/される)

さて、A先生の発言に改善の余地はあるのでしょうか？
「アサーションのDESCを生かした会話例」
を以下に示しましたので、参考にしてください。

### A先生の発言がアサーティブになると…

A先生：「テニスコート使用後はコートを整備して現状に戻すことになっていますよね。でも最近コートにむらや足跡が残っていることが多く、もう一度コート整備から始めなければならない日がここ連続で3回続いています。」（**D**）
「3つの部活が**共同でテニスコートを使っているんだから、お互い気持ちよく使いたいですよね。**」（**E**）
「先生方、練習終了時のコート整備を丁寧にして、むらや足跡の残らないように部員たちに指導していただけますか？」（**S**）

B先生：「私たちはA先生のようにテニスのことについて詳しくないので、基本的なコート整備の仕方を教えていただけないでしょうか？」

A先生：「もちろんOKですよ！」（**C**）

C先生：「私たち顧問だけでなく、テニス部やソフトテニス部の生徒たち全員にも、A先生からレクチャーしてもらったらどうでしょう？」

A先生：「あ、じゃあ来週月曜日の放課後の部活の時にでも…」（**C**）

> アサーティブになるポイント

- A先生は、（E）で「**共同でテニスコートを使っているんだから、お互い気持ちよく使いたいですよね。**」と自分の気持ちを表現しています。

実践Ⅱ　関係をつくる事例

一方、B先生、C先生は、A先生の声かけに対してどんなコミュニケーションをとればよかったでしょうか？　攻撃的でも非主張的でもない「アサーションのDESCを生かした会話例」を以下に示しましたので、参考にしてください。

### B先生、C先生の発言がアサーティブになると…

A先生：「先生方、テニスコートは交代で使っているんだから、もっとしっかりコート整備をするよう部員たちに指導してくださいよ！」

B先生：「練習終了時には、生徒たちが必ずコート整備を行わなければならないことは承知しています。」（**D**）

C先生：「生徒たちはちゃんとコート整備をしているものだと思っていましたが、不十分で申し訳なかったです。」（**E**）

B先生：「A先生の言う『しっかり』というのは、どの程度までのことを指しているのでしょうか？　具体的に教えてもらえませんか？」（**S**）

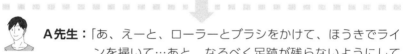

A先生：「あ、えーと、ローラーとブラシをかけて、ほうきでラインを掃いて…あと、なるべく足跡が残らないようにしてほしいです。」

B先生：「男子テニス部でも、今度からはローラーもかけるよう部員たちに言います。」（**C**）

C先生：「ソフトテニス部も今後は注意しますね。」（**C**）

> **アサーティブになるポイント**
>
> ・B先生は、（S）で「A先生の言う『しっかり』というのは、どの程度までのことを指しているのでしょうか？　具体的に教えてもらえませんか？」と相手と共通の認識をつくるための質問をしています。

4 批判（する／される）

## 事例39 近隣住民から生徒の喫煙について苦情を受けた事例

A住民

> 最近、お宅の高校の生徒さんが下校中に喫煙をして、路上に吸い殻をポイポイ捨てて困っているんだよ。ちゃんと指導しているのかね？

**事例概要** ある日、学校の近隣に住んでいるA住民が「話したいことがある」と職員室を訪れました。たまたま職員室にいたB先生とC先生が話を聞くと、「最近、生徒が下校中に喫煙をして、路上に吸い殻をポイポイ捨てて困っている。ちゃんと指導しているのか？」という苦情でした。

⬇

> そもそも喫煙は学校だけに責任があるわけじゃないでしょう？ お困りでしたらご自分で注意されたらいかがですか？

B先生

[ **当事者の気持ち** ]
喫煙指導ではこっちも苦労しているんだ。なんでもかんでも「学校が悪い」ではたまらない。自分で生徒を注意する勇気がないくせに、学校に対しては大きな顔して文句を言うなんて、まったくひどいクレーマーだ！

[ **予想される結果** ]
B先生の言葉にA住民は激怒し、「教育委員会に言うぞ！」と怒鳴りました。

> あー…一応指導はしているのですが…

C先生

[ **当事者の気持ち** ]
B先生の言い方はひどいけど、「ちゃんと指導しているか」と聞かれても、どう答えてよいのか分からない。一応やっているつもりだけれど。でも、ここは謝っておかないとまずいことになるな。あー…でもなんて言えばよいやら。

[ **予想される結果** ]
C先生は、生徒の喫煙を責められて、応対の仕方が分からずパニックになりました。A住民はあいまいな対応にイライラし、かえって怒ってしまいました。

実践Ⅱ　関係をつくる事例

さて、B先生、C先生はどんな会話をすればよかったでしょうか？
**攻撃的でも非主張的でもない「アサーションのDESCを生かした会話例」**
を以下に示しましたので、参考にしてください。

### B先生、C先生の発言がアサーティブになると…

**A住民：**「最近、お宅の高校の生徒さんが下校中に喫煙をして、路上に吸い殻をポイポイ捨てて困っているんだよ。ちゃんと指導しているのかね？」

**B先生：**「うちの生徒がタバコの吸い殻を路上にポイ捨てしてお困りなのでお越しになったんですね。」（**D**）
「本校では喫煙について厳しく指導しておりますが、**結果としてご近所の方々に大変ご迷惑をおかけしてしまって申し訳ございません。でも、こうして学校に情報をお寄せいただいてありがとうございます。**」
「これまで以上に生徒への注意を促し、学校の周りを教員が見回りするよう対応したいと思います。」（**E**）
「今後ももし何かございましたら情報をお寄せください。また、目に余ることがございましたら、直接生徒に注意していただいても結構です。」（**S**）

**A住民：**「高校生に注意するのは気が引ける…というか怖いんだよ。学校の方でちゃんと見回りしてくれればそれで結構。」

**C先生：**「承知しました。またご迷惑をおかけするようなことがございましたらぜひお知らせください。」（**C**）

> アサーティブになるポイント

- B先生は、（**E**）で「**結果としてご近所の方々に大変ご迷惑をおかけしてしまって申し訳ございません。でも、こうして学校に情報をお寄せいただいてありがとうございます。**」と自分の気持ちを表現しています。

# 5　意見（する／される）

**事例40**　学年会議で遠足の行き先を協議している事例

A先生：今度の秋の遠足は、東京見学がよいという意見が多いようですけど、先生方それでよろしいでしょうか？

**事例概要**　ある日の学年会議で、秋の遠足の行き先が議題となり、多くの教員は東京見学がよいという意見です、しかし、生徒に体験的な活動をさせたいと考えているB先生やC先生は、東京見学でなく、自然の中で班ごとによるバーベキュー活動がよいのではないかと考えています。

B先生：東京見学なんて『物見遊山』で意味がないと思います。普通なら生徒の体験的な活動を考えるんじゃないんですか？　東京見学なんて止めた方がいいでしょう。

**［当事者の気持ち］**
生徒の体験的な活動の方がよいに決まっている。先生たちは「生徒が自由行動になれば自分が楽できる」と安易に考えているに違いない。

**［予想される結果］**
B先生は、この日を境に他の先生から距離を置かれるようになりました。

C先生：…（東京見学よりバーベキューの方がいいのに…、でも意見すると波風立つから言わないでおこう）…

**［当事者の気持ち］**
私も個人的にはB先生の意見には賛成だ。しかし、他の先生方はみんな東京見学がよいとの意見だし、もしB先生に賛成したら他の先生方みんなから嫌われてしまうかもしれないから…やっぱり自分の意見は言えない！

**［予想される結果］**
自分の意見を言えなかったC先生は、あとで自己嫌悪になりました。

実践Ⅱ　関係をつくる事例

さて、A先生の発言に改善の余地はあるのでしょうか？
「アサーションのDESCを生かした会話例」
を以下に示しましたので、参考にしてください。

### A先生の発言がよりアサーティブになると…

A先生：「これまでのお話で今度の秋の遠足は、東京見学がよいという意見が2人からあがりましたね。」（**D**）
「その意見が多いように思いますが。」（**E**）
「違った意見をお持ちの方、いらっしゃいますか？」（**S**）

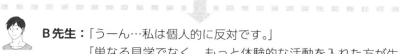

B先生：「うーん…私は個人的に反対です。」
「単なる見学でなく、もっと体験的な活動を入れた方が生徒にとってよいのでは？」

C先生：「では、東京を観光しながら何か体験的な活動ができる場所を探してはどうでしょうか？」

A先生：「なるほど、それならB先生のご意見も反映できますね。B先生、どうですか？」（**C**）

B先生：「その方向で検討いただければと思います。」

　アサーティブになるポイント

・A先生は、（S）で「違った意見をお持ちの方、いらっしゃいますか？」と具体的な提案をしています。

5 意見（する／される）

一方、B先生、C先生は、A先生の声かけに対してどんなコミュニケーションをとればよかったでしょうか？　攻撃的でも非主張的でもない「アサーションのDESCを生かした会話例」を以下に示しましたので、参考にしてください。

**B先生、C先生の発言がアサーティブになると…**

A先生：「今度の秋の遠足は、東京見学がよいという意見が多いようですけど、先生方それでよろしいでしょうか？」

B先生：「ちょっといいですか？　東京見学がよいという意見の先生方が複数いらっしゃいますが…」（**D**）
「でも、私は遠足を通して、もっと体験的な活動の場を生徒に与えてあげた方がよいと考えています。」（**E**）
「例えば、自然の中で協働作業ができるバーベキューなどを体験させたいと思うのですが、どうですか？」（**S**）

A先生：「そうですね、他の先生方にも聞いてみましょう。」

C先生：「自然の中でバーベキュー…でもよいのですが、例えば、東京を観光しながら何か体験的な活動ができる場所などいかがでしょうか？」

B先生：「うーん…なるほど。『自然の中で…』というわけじゃないけど、単なる見学よりはいいですね…。C先生、どこかいい場所ご存知ですか？」（**C**）

> **アサーティブになるポイント**
>
> ・B先生は、（C）で「うーん…なるほど。『自然の中で…』というわけじゃないけど、単なる見学よりはいいですね…。C先生、どこかいい場所ご存知ですか？」と、C先生の発言を受けて、自分の考えを発展させています。

131

実践Ⅱ　関係をつくる事例

## 事例 41　職員会議で反対意見を述べた事例

**A先生**：B先生、職員会議のあの発言は何なのですか？　私と同じ意見だと思っていたのに…、私が苦労して取りまとめた原案に対して、あんな意見を言うなんてとても失望しました！

**事例概要**　ある日の職員会議で、進路指導部のA先生から、2学年の生徒を対象とした「進路説明会」の実施要項が提案されました。2学年担任のB先生は、「説明会の主旨には賛成ですが、進行や内容についてさらにこうした方がいいのでは」という意見を述べました。職員会議終了後、B先生はA先生に呼び止められてこう言われました。

ちょっと待ってください！　あんなずさんな原案じゃ生徒がかわいそうですよ！　進路指導部の方で、もっとちゃんと検討してから職員会議に提案してください！　　**B先生**

[ 当事者の気持ち ]
あんなずさんな原案を出すなんて、進路指導部でちゃんと検討していないのではないか。そもそも職員会議というのは意見を言い合う場なのだから、私が真っ当な意見を述べて何が悪いのだ。

[ 予想される結果 ]
この学校では、その後職員会議で建設的な議論ができなくなりました。

あ、その…、あのときはあんな発言をしてすみませんでした（やっぱり私の意見なんかダメなんだな）…　　**B先生**

[ 当事者の気持ち ]
A先生に気おされてしまった。やっぱり私の意見なんかダメなんだ。A先生と同じ意見でなく、違った意見を述べた私に対して、A先生はきっと失望しただろう。何も言わなければよかった。

[ 予想される結果 ]
B先生は、以後職員会議で何も意見を言うことができなくなりました。

5 意見（する／される）

さて、A先生の発言に改善の余地はあるのでしょうか？
**「アサーションのDESCを生かした会話例」**
を以下に示しましたので、参考にしてください。

### A先生の発言がアサーティブになると…

**A先生**：「B先生、さっきの職員会議で私が提案した進行や内容について別の意見を述べましたよね。」（**D**）
「先生は今日の提案に関して私と同じ意見だと思っていたので、賛成してくれるものと思っていました。」（**E**）
**「同意見だと思っていたのは私の思い込みだったのかしら？」**（**S**）

**B先生**：「大枠ではA先生と同じ考えですよ。ただ、進行や内容についてほんの少し私の意見を述べただけなんです。」

**A先生**：「うーん…でも、なんか残念な気持ちになりました。」（**C**）

**B先生**：「そんなにがっかりしないでください。そもそも誰もが皆同じ意見でなければならないということもないと思いませんか？」

**A先生**：「頭では分かるんですけどねぇ…」（**C**）

**B先生**：「お互いに議論しながら…でも協力して学校行事をよりよいものにしていくことが大切だと思うのですが。」

**アサーティブになるポイント**

・A先生は、（S）で「同意見だと思っていたのは私の思い込みだったのかしら？」と相手に確かめる質問をしています。

実践Ⅱ　関係をつくる事例

一方、B先生は、A先生の声かけに対してどんなコミュニケーションをとればよかったでしょうか？　攻撃的でも非主張的でもない「アサーションのDESCを生かした会話例」を以下に示しましたので、参考にしてください。

### B先生の発言がアサーティブになると…

**A先生：**「B先生、職員会議のあの発言は何なのですか？　私と同じ意見だと思っていたのに…、私が苦労して取りまとめた原案に対して、あんな意見を言うなんてとても失望しました！」

**B先生：**「職員会議での私の意見がA先生のお考えと違っていたので、失望してしまったのですね。」（**D**）
「でも、職員会議は、お互いに違う意見を出し合うことが大切だと思うのですが。」（**E**）
「**私の意見のどのような点がまずかったのか…具体的に教えていただけませんか？**　もし私の意見や考えに至らない点や間違った点があるのなら、そこは考え直したいと思っていますので。」（**S**）

⬇

**A先生：**「特にどのような点というのではなく…B先生が私と違う意見だったということ自体がショックだったのです…」

**B先生：**「そうだったんですね。でも、意見や考えが違ってもA先生と私は同じ職場の仲間ですし、お互いに協力して進路行事をやっていきたいと思います。」（**C**）

**A先生：**「意見が違っているのは残念だけど…。でも、お互いに歩み寄って協力できることはあるかもしれませんね。」

> **アサーティブになるポイント**
>
> ・B先生は、（S）で「私の意見のどのような点がまずかったのか…具体的に教えていただけませんか？」と相手がどう受け止めているのかを知ろうとする質問をしています。

5　意見（する／される）

| 事例 42 | 不本意な人事異動の内示について同僚から声をかけられた事例 |

A先生

> B先生、今度の学校はちょっと生徒が大変そうですけど、通勤が楽になったのはよかったんじゃないですか？

**事例概要**　現任校での勤務が10年目のB先生は、人事異動で転出する時期になりました。今の高校は、穏やかな生徒が多くよい雰囲気なのですが自宅から遠いため、B先生も転勤を希望しています。しかし、年度末になって、B先生が受けた内示は自宅の近くではあるものの生徒が荒れているという評判の高校でした。

---

> 何がよかっただよ？　本当はあんな大変な学校に行かされるのが自分でなくてよかったと思っているんじゃないの？

B先生

[ 当事者の気持ち ]
本当にそう思っているの？　本心は違うんじゃないの？　きっと、あの学校に異動するのが自分じゃなくてよかったと思っているに違いない。

[ 予想される結果 ]
B先生はA先生に詰め寄り、危うく喧嘩になるところでした。

> はあ…俺みたいにダメ人間だと
> 人事異動もこうなるんだよなぁ…

B先生

[ 当事者の気持ち ]
やっぱり自分はついていない。そういう巡り合わせなのか…。A先生だって慰めみたいなこと言ってるけど、大変な学校に行かされる俺のことを心の中で笑っているに違いない。

[ 予想される結果 ]
B先生は、不本意な異動に着任前からすっかりやる気を失ってしまいました。

実践Ⅱ　関係をつくる事例

さて、A先生の発言に改善の余地はあるのでしょうか？
「アサーションのDESCを生かした会話例」
を以下に示しましたので、参考にしてください。

**A先生の発言がよりアサーティブになると…**

**A先生：**「B先生、異動の内示が出ましたね。」（**D**）
「先生はどんな気持ちで今回の内示を受けとめておられるのかなぁと思いまして。私だったら、勤務先が近くなるのはよかったなぁと思う一方、今度の学校は生徒たちが荒れているという評判なので苦労するかもなぁとも思ってしまいそうで…」
**「B先生もきっと複雑な気持ちで受け止めていらっしゃるんじゃないかな…と少し心配な気持ちなのですが。」**（**E**）
「いかがでしょうか？」（**S**）

**B先生：**「うん、まさにそのとおりなんだよ。自宅から近くて通勤が楽なのはいいんだけど、手放しで喜べなくて…」

**A先生：**「そうですよね。何もかも希望どおりで満足のいく人事異動って難しいのかもしれませんね。」（**C**）

**B先生：**「そうだよなぁ…。100パーセント満足っていうことは滅多にないことなのかもなぁ…」

 アサーティブになるポイント

- A先生は、（**E**）で「B先生もきっと複雑な気持ちで受け止めていらっしゃるんじゃないかな…と少し心配な気持ちなのですが。」と自分の気持ちを表現しています。

5 意見（する／される）

一方、B先生は、A先生の声かけに対してどんなコミュニケーションをとればよかったでしょうか？　攻撃的でも非主張的でもない「アサーションのDESCを生かした会話例」を以下に示しましたので、参考にしてください。

**B先生の発言がアサーティブになると…**

 **A先生：**「B先生、今度の学校はちょっと生徒が大変そうですけど、通勤が楽になったのはよかったんじゃないですか？」

 **B先生：**「そうそう、自宅からは近いけど、生徒指導が大変な学校への異動になったんだよ。」（**D**）
「近いのはいいんだけど、やはり今度の学校に異動になるのは不安で仕方ないんだ。」（**E**）
**「A先生だったらどう思う？　もしあの学校に自分が異動になったとしたら…」（S）**

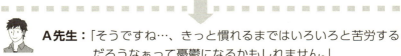

 **A先生：**「そうですね…、きっと慣れるまではいろいろと苦労するだろうなぁって憂鬱になるかもしれません。」
「でも、B先生、あちらの学校へ行って、もし何か困ったことや嫌なことがあったらいつでも連絡してくださいよ。」

 **B先生：**「それはありがたいね。その時はよろしく頼むよ（笑）。」（**C**）

**アサーティブになるポイント**

・B先生は、（**S**）で「A先生だったらどう思う？　もしあの学校に自分が異動になったとしたら…」と相手の考えを聞く質問をしています。

実践Ⅱ　関係をつくる事例

## 事例 43　授業のやり方について若手教員から意見を言われた事例

A先生：B先生の英語の授業なんですけど、もう少し会話的な要素も取り入れた方が生徒たちも喜ぶし、やる気が出ると思うのですが…

**事例概要**　英語のB先生は、勤続30年超のベテランです。文法、読解、英作文の指導などには自信がありますが、英会話の指導やＡＬＴの先生とのティーム・ティーチングは若い頃にほとんど経験しておらず、今もあまり得意ではありません。ある日、同じ英語科の若手教員のA先生から、授業内容に対して意見を言われました。

⬇

B先生：そんなことはない！　私はずっとこのやり方で授業をやってきたんだ！　大学入試で合格するためには私のスタイルが一番いいんだ！

[ 当事者の気持ち ]
経験年数も浅いA先生が自分の授業を批判するなんてけしからん！　私の授業のやり方が大学受験には最適なんだ。少しくらい英会話が得意なくらいで先輩教員の私に意見すること自体がそもそも間違っている。

[ 予想される結果 ]
B先生は、A先生のことを「生意気だ」と他の先生たちに言い回りました。

B先生：あ、はあ…（でも自分には英会話の指導力がないからなぁ）…

[ 当事者の気持ち ]
そうかもしれないが、若手に言われるようでは私ももうダメだな…。でもこの年になって自分の授業スタイルを変えるなんて難しいしなぁ…。

[ 予想される結果 ]
B先生は若手に見下され、もはや新しいやり方に対応できないと思って早期退職することを決めました。

5 意見(する/される)

さて、A先生の発言に改善の余地はあるのでしょうか?
「アサーションのDESCを生かした会話例」
を以下に示しましたので、参考にしてください。

**A先生の発言がよりアサーティブになると…**

A先生:「先生の英語の授業を拝見しました。」(**D**)
「とても参考になりました。文法や読解の説明はとても分かりやすかったです。ただ、僭越ですが、もう少し会話的な要素も取り入れたら、生徒たちも喜んでもっとやる気を出すようになるとも思いました。」(**E**)
「**会話的な要素を授業に取り入れることについて先生はどうお考えですか?**」(**S**)

B先生:「新しい学習指導要領では『コミュニケーション重視』となっているし、最近は大学入試でも会話表現が多く出題されているけど…でもやはり英語の授業の基本は文法と読解だと思うよ。それに教科書以外にはなかなか面白い教材もないし…」

A先生:「B先生はそうお考えなんですね。もしよろしかったら、私が作成した会話表現のプリントを見ていただいてもいいですか? 生徒に結構好評だったので、もし使えそうなところがありましたら、B先生にも試しに使っていただけたらと思うのですが。」(**C**)

B先生:「へー、ありがとう。じゃあ今度見せてもらってもいい?」

**アサーティブになるポイント**

・A先生は、(S)で「会話的な要素を授業に取り入れることについて先生はどうお考えですか?」と相手の考えを尋ねる質問をしています。

実践Ⅱ　関係をつくる事例

一方、B先生は、A先生の声かけに対してどんなコミュニケーションをとればよかったでしょうか？　攻撃的でも非主張的でもない「アサーションのDESCを生かした会話例」を以下に示しましたので、参考にしてください。

### B先生の発言がアサーティブになると…

 **A先生：**「B先生の英語の授業なんですけど、もう少し会話的な要素も取り入れた方が生徒たちも喜ぶし、やる気が出ると思うのですが…」

 **B先生：**「私の授業に対して『もっと会話的な要素を取り入れた方がいい』と思っているんだね。」（**D**）
「学習指導要領が改訂されたので、私自身ももっと生徒のコミュニケーション能力を伸ばせるような授業をやりたいと思ってはいるんだよ。でも私は留学経験もないし、若い頃はまだ学校にＡＬＴもいなかったので、いまだに英会話はあまり得意ではないんだ。」（**E**）
「例えば**A先生は、普段の授業でどんな工夫をしているの？　生徒に効果的だった教材や指導方法とかあるかなぁ？**」（**S**）

⬇

 **A先生：**「授業の導入部分で使っている私が作成したプリントがあるんですが、結構生徒には好評でしたよ。」

 **B先生：**「へえ、じゃあ今度そのプリントを見せてもらってもいい？　あと、ぜひ授業の様子も見てみたいな。」（**C**）

 **A先生：**「まだまだ未熟ですけど、ぜひご覧ください。」

#### アサーティブになるポイント

- B先生は、(**S**) で「A先生は、普段の授業でどんな工夫をしているの？　生徒に効果的だった教材や指導方法とかあるかなぁ？」と相手の経験を聞かせてもらう質問をしています。

# 6　依頼（する／される）

## 事例44　管理職から研究授業を勧められた事例

A教頭

**11月に行われる教育委員会訪問の研究授業をやってくれませんか？**

[事例概要]　A教頭は、11月に教育委員会訪問があり、そこでB先生に研究授業をしてほしいと思っています。B先生は昨年研究授業を行っていないので、ぜひ今年は実践して指導を受けてみてはどうかと思い、勧めています。

---

**できません。ほかの人に頼んでください。**  B先生

[ 当事者の気持ち ]
今だって忙しいのに、何で研究授業を引き受けなくちゃいけないんだ。

[ 予想される結果 ]
B先生は、A教頭から向上心のない教師だと思われてしまいました。

**はい。…（しばらく沈黙）分かりました。**  B先生

[ 当事者の気持ち ]
忙しくて断りたいけど、やる気のない人だと思われたくないし…。

[ 予想される結果 ]
B先生は、なかなか指導案も作成できず、仕事に行き詰ってしまいました。

実践Ⅱ　関係をつくる事例

さて、A教頭の発言に改善の余地はあるのでしょうか？
「アサーションのDESCを生かした会話例」
を以下に示しましたので、参考にしてください。

### A教頭の発言がよりアサーティブになると…

**A教頭：**「だいぶ先のことなんだけど、11月に教育委員会訪問があって。」（**D**）
「B先生は、昨年は研究授業を行っていないので、今年はぜひ行って指導を受けてみてはどうかしら。**B先生はこの研究授業にチャレンジしてみるのに丁度よい時期かなと思っているの。**」（**E**）
「B先生、11月の研究授業にチャレンジしてみない？　私もサポートするから。」（**S**）

**B先生：**「声をかけていただき、ありがとうございます。教頭先生にもサポートしていただけるのならば、引き受けさせていただきます。」

**A教頭：**「がんばってみて。何か心配なことがあったら、遠慮しないで声をかけてね。」（**C**）

> アサーティブになるポイント

- A教頭は、（**E**）で「B先生はこの研究授業にチャレンジしてみるのに丁度よい時期かなと思っているの。」と自分の考えを表現しています。

6 依頼（する／される）

一方、B先生は、A教頭の声かけに対してどんなコミュニケーションをとればよかったでしょうか？ 攻撃的でも非主張的でもない「アサーションのDESCを生かした会話例」を以下に示しましたので、参考にしてください。

**B先生の発言がアサーティブになると…**

**A教頭**：「11月に行われる教育委員会訪問の研究授業をやってくれませんか？」

**B先生**：「研究授業ですか？」（**D**）
「他の仕事もたくさんあるので、できれば遠慮したいのですが。」（**E**）
「他の先生に頼んでもらえませんか。」（**S**）

↓

**A教頭**：「仕事をたくさん抱えて、がんばってくれていることはよく分かっているのだけれど、先生は昨年も研究授業を行っていないし、ぜひ他の先生方にも先生の授業を見ていただきたいので、引き受けてもらえないでしょうか。私もサポートするので。」

**B先生**：「確かに、昨年も研究授業は行っていませんでした。**サポートしていただけるのであれば、やれるかもしれません。**」（**C**）

**A教頭**：「よかった。困ったことがあれば、相談してくださいね。」

**B先生**：「はい。ありがとうございます。よろしくお願いします。」（**C**）

アサーティブになるポイント

・B先生は、（C）で「サポートしていただけるのであれば、やれるかもしれません。」と相手の発言を受けての自分の気持ちを表現しています。

実践Ⅱ　関係をつくる事例

## 事例45　研修会で司会を依頼された事例

A教頭

研修会で司会をやってほしいと教育委員会から依頼があるが、引き受けてくれませんか？

**事例概要**　100名ほど集まる研修会があるが、そこで司会をやってほしいと、教育委員会から依頼がきています。よい経験になると思うので、A教頭は、B先生に引き受けてみてはどうかと考えて勧めています。

---

できません。ほかの人に頼んでください。

B先生

[ 当事者の気持ち ]
そんな大きな会での司会なんて無理！　今はそれどころではないし、なんで私なんだ。

[ 予想される結果 ]
B先生は、A教頭からやる気のない教師だと思われてしまいました。

はい。…分かりました。

B先生

[ 当事者の気持ち ]
そんな大きな会での司会など未経験で不安。でも、A教頭からの依頼なので断りにくいなぁ。今はそれどころではないんだけれど、どうしよう。

[ 予想される結果 ]
B先生は、毎日、研修会の司会への不安感が頭から離れなくなり、不眠症になりました。

6 依頼(する/される)

さて、A教頭の発言に改善の余地はあるのでしょうか?
「アサーションのDESCを生かした会話例」
を以下に示しましたので、参考にしてください。

**A教頭の発言がよりアサーティブになると…**

 **A教頭:**「この前話題にした研修会のことなんだけど、教育委員会から司会をやってほしいという依頼がきているんだ。」(**D**)
「**B先生の研究テーマにも関連するし、よい経験にもなると思うので、B先生が適任かなと思っているんだ。**」(**E**)
「研修会の司会を検討してもらえるかな?」(**S**)

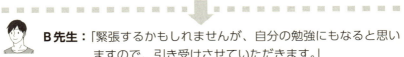

 **B先生:**「緊張するかもしれませんが、自分の勉強にもなると思いますので、引き受けさせていただきます。」

 **A教頭:**「ありがとう。教育委員会に報告しておきますね。」(**C**)

 **B先生:**「ご支援のほど、よろしくお願いします。」

アサーティブになるポイント

・A教頭は、(**E**)で「B先生の研究テーマにも関連するし、よい経験にもなると思うので、B先生が適任かなと思っているんだ。」と自分の気持ちを表現しています。

145

実践Ⅱ　関係をつくる事例

一方、B先生は、A教頭の声かけに対してどんなコミュニケーションをとればよかったでしょうか？　攻撃的でも非主張的でもない「アサーションのDESCを生かした会話例」を以下に示しましたので、参考にしてください。

**B先生の発言がアサーティブになると…**

**A教頭**：「研修会で司会をやってほしいと教育委員会から依頼があるが、引き受けてくれませんか？」

**B先生**：「研修会の司会ですか？」（**D**）
「そんな大きな研修会の司会など、とても緊張してしまってできないと思います。」（**E**）
「せっかくの話ですが、お断りしたいと思います。」（**S**）

**A教頭**：「初めてのことで、緊張するという気持ちはよく分かります。でも研修会の流れをしっかり理解できれば、その不安は解消されると思いますよ。教育委員会とも、綿密に連絡を取り合うので、せっかくの機会だから、ぜひ引き受けてみてはどうでしょう。きっとよい経験になりますよ。」

**B先生**：「そうですね。**事前に流れが詳しく分かっていれば、自分なりの対応を考えることができるかもしれません。せっかく声をかけていただいたので、挑戦させていただきます。**」（**C**）

**A教頭**：「よろしくお願いします。」

> アサーティブになるポイント
>
> ・B先生は、（C）で「事前に流れが詳しく分かっていれば、自分なりの対応を考えることができるかもしれません。せっかく声をかけていただいたので、挑戦させていただきます。」と、相手の話を受けて自分の気持ちと選択の変更（YESという返答）を表現しています。

6　依頼（する／される）

## 事例46　年度初めの学年会で得意ではない担当を依頼された事例

A先生

今年度の学年の生徒指導担当をB先生にお願いしたいと思っている。今年は新任2年目で学級担任でもあるが、引き受けてもらえないだろうか。

**事例概要**　B先生は、4月の学年会議で学年内担当を決めるときに、生徒指導担当をしてくれないかと、学年主任のA先生に依頼された。新任2年目であり、初めての学級担任でもあるので、先輩の先生が引き受けてくれればよいのにと思っている。

⬇

それは、嫌です。絶対にできません。
B先生

[　当事者の気持ち　]
担任を引き受けるだけで精一杯なのを分かってくれないのか。生徒指導は苦手だし、今年は無理です！

[　予想される結果　]
B先生は、A先生から、自分の要求を優先し、挑戦してみようという意欲の低い教師だと思われてしまいました。

…（沈黙）…分かりました。
B先生

[　当事者の気持ち　]
担任をもつだけで精一杯で、それ以上は無理だけれど、断れない空気だな。

[　予想される結果　]
B先生は、頼まれると断り切れないことが多くなり、学年の様々な仕事が増えていきました。

実践Ⅱ　関係をつくる事例

さて、A先生の発言に改善の余地はあるのでしょうか？
「アサーションのDESCを生かした会話例」
を以下に示しましたので、参考にしてください。

## A先生の発言がよりアサーティブになると…

 **A先生**：「今年度の学年内生徒指導担当を決める必要があるよね。」（**D**）
「これは私の意見だけど、B先生がよいのではと思っているんだ。B先生は初めての学級担任で何かと大変だと思うけど、一方で**学年全体のことも視野に入れながらやってもらえたらと思っているんだ。**」（**E**）
「B先生、どうですか？」（**S**）

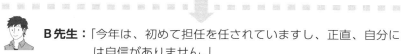

 **B先生**：「今年は、初めて担任を任されていますし、正直、自分には自信がありません。」
「問題が起こった時に的確に対応できるか不安なんです。」

 **A先生**：「そうですか。でも担当だからといって、全て一人でやるわけではなくチームで対応していきますよ。不安な時は、いつでも私や周りの先生に相談してください。ぜひ、これを勉強のチャンスと思って引き受けていただけませんか？」（**C**）

 **B先生**：「分かりました。いろいろと教えていただきながらになりますが、引き受けさせていただきます。」

**A先生**：「ありがとうございます。」（**C**）

　アサーティブになるポイント

- A先生は、（E）で、「**学年全体のことも視野に入れながらやってもらえたらと思っているんだ。**」と自分の気持ちを表現しています。

6 依頼（する／される）

一方、B先生は、A先生の声かけに対してどんなコミュニケーションをとればよかったでしょうか？ 攻撃的でも非主張的でもない「アサーションのDESCを生かした会話例」を以下に示しましたので、参考にしてください。

**B先生の発言がアサーティブになると…**

**A先生：**「今年度の学年の生徒指導担当をB先生にお願いしたいと思っている。今年は新任2年目で学級担任でもあるが、引き受けてもらえないだろうか。」

**B先生：**「私に、生徒指導担当をということですね。」（**D**）
「正直、自信がありません。」
「今年は、初めての担任でもありますし、学級や教科についてもう少し勉強したいと思います。」（**E**）
「できましたら、**副担当ということで、今年は先輩の先生から勉強させていただけないでしょうか。**」（**S**）

**A先生：**「そうですか。気持ちはよく分かりました。では、副担当ということでB先生、生徒指導を担当していただけますか？」

**B先生：**「ご配慮いただいて、ありがとうございます。」（**C**）

**A先生：**「分かりました。一緒に頑張りましょう。」

アサーティブになるポイント

- B先生は、（S）で「副担当ということで、**今年は先輩の先生から勉強させていただけないでしょうか。**」と具体的な提案をしています。

# 7 保護者からの依頼（される）

## 事例47 保護者から、体操着で登下校させてほしいと依頼された事例

A保護者

> 登下校の服装を体操着でもよい
> ということにしてほしいのですが。

**事例概要** 校則で、登下校は「制服を着用する」と決まっています。しかし、校内の生活は体操着で行っているので、着替えの手間がかかって子どもが大変であり、A保護者からB先生に、「登校は自宅から体操着でもよいことにしてほしい」という要望がありました。

---

> それは、ダメです。
> 校則で決まっていることですから。

B先生

[ **当事者の気持ち** ]

校則で決まっていることなんだから、ダメに決まっているじゃない。何を考えているのかしら。それに体操着姿での登校なんて考えられない。

[ **予想される結果** ]

A保護者のB先生に対する印象が悪くなり、その後、管理職へ苦情の電話がかかりました。

> そうですね〜。確かに面倒かもしれませんね〜。
> でも、校則で決まってますしね〜。

B先生

[ **当事者の気持ち** ]

確かに登校してから着替えるのは手間がかかって大変だわ。でも、校則で決まっていることなので守ってもらわないと。どうしたものかしら。

[ **予想される結果** ]

B先生の曖昧な返答にA保護者はイライラし、両者の信頼関係が崩れました。

7 保護者からの依頼(される)

さて、B先生はどんなコミュニケーションをとればよかったでしょうか？
攻撃的でも非主張的でもない「アサーションのDESCを生かした会話例」
を以下に示しましたので、参考にしてください。

### B先生の発言がアサーティブになると…

**A保護者**：「登下校の服装を体操着でもよいということにしてほしいのですが。」

**B先生**：「登下校は体操着でよいのではないかということですね。」（**D**）
「着替えの手間がかかり、子どもたちが大変だというご心配なのですね。そのお気持ちは理解します。」
「学校としては、着替えの時間を確保しておりますし、登下校と校内の活動のメリハリをつけるためにも、登下校は制服を着用するよう校則で定めています。」（**E**）
「そこを何とかご理解いただけませんか？」（**S**）

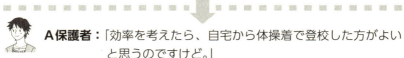

**A保護者**：「効率を考えたら、自宅から体操着で登校した方がよいと思うのですけど。」

**B先生**：「ご意見として、承ります。今後、効率よく着替えができるよう学校でも検討していきたいと思います。」（**C**）

**A保護者**：「よろしくお願いします。」

> **アサーティブになるポイント**
>
> ・B先生は、（E）で「着替えの手間がかかり、子どもたちが大変だというご心配なのですね。そのお気持ちは理解します。」と、相手への共感を表現しています。

実践Ⅱ　関係をつくる事例

| 事例 48 | 保護者から、朝起きない子どもを起こしに来てほしいと依頼された事例 |

A保護者：朝、なかなか子どもが起きないので、B先生の通勤途中、家に寄って起こしてもらえませんか？

**事例概要**　遅刻を繰り返す生徒のA保護者から、「ウチは先生の通勤経路の途中にあるので、先生が学校に行く前に寄って、子どもを起こしてくれませんか。」と言われました。担任のB先生自身、それは難しいが、生徒の遅刻は直したいと思っています。

↓

それはできません。ご家庭でのことですから、ご自身で起こしてください。  B先生

[ 当事者の気持ち ]
それは保護者のすることでしょ。何を考えているんだ、あきれちゃうなぁ。

[ 予想される結果 ]
B先生は、A保護者との関係が崩れ、協力体制が築けなくなりました。

そうですね…（無言）。  B先生

[ 当事者の気持ち ]
確かに生徒の遅刻は直したいが、朝、子どもを起こすのは保護者のすることだよなぁ。でも、それがうまくできていないんだろうな。

[ 予想される結果 ]
A保護者からの要望がその後も続きました。

7 保護者からの依頼（される）

さて、B先生はどんなコミュニケーションをとればよかったでしょうか？
攻撃的でも非主張的でもない「アサーションのDESCを生かした会話例」を以下に示しましたので、参考にしてください。

**B先生の発言がアサーティブになると…**

**A保護者**：「朝、なかなか子どもが起きないので、B先生の通勤途中、家に寄って起こしてもらえませんか？」

**B先生**：「朝、お子さんがなかなか起きないという状況なのですね。」（**D**）
「私も、お子さんがきちんと起きてくれることを願っているのです。お母さんと同じ気持ちです。」
「ですが、私が朝起こしに寄っても、基本的な解決にはならないと思うのです。」（**E**）
「お家で、お母さんができることを一緒に考えていきませんか？ たとえば、前日の夜の家での過ごし方はどのような状況ですか。」（**S**）

⬇

**A保護者**：「ゲームなどをしていて、寝る時間は遅いのです。私の言うことも聞かないし。」

**B先生**：「そうでしたか。よく、その状況をお知らせくださいましたね。まずは、ゲームの時間を少しでも短くして、早く寝るためにどのようにしたらよいか一緒に考えていきましょう。私も学校でお子さんと話をしてみましょう。」（**C**）

**A保護者**：「ありがとうございます。よろしくお願いします。」

---

**アサーティブになるポイント**

- B先生は、（E）で「私も、お子さんがきちんと起きてくれることを願っているのです。お母さんと同じ気持ちです。」「ですが、私が朝起こしに寄っても、基本的な解決にはならないと思うのです。」と、自分の気持ちや考えを表現しています。

実践Ⅱ　関係をつくる事例

## 事例49　保護者から、子どもへの宿題を減らしてほしいと言われた事例

A保護者：子どもは習い事をしているので、宿題をする時間がないのです。宿題をあまり出さないで、授業中にきちんと学習させてください。

**事例概要**　子どもは毎日習い事があり、自宅での宿題を行う時間がないとA保護者が言ってきました。A保護者は、宿題を出すのはB先生の教え方が悪く、授業中に終わらないからだと思っています。

---

B先生：そんなこと、無理です。授業の内容を振り返ったり理解を深めたりするのに、宿題はとても大切なものですから、きちんとやらせてください。

[ 当事者の気持ち ]
まったく何を考えているんだ。宿題の大切さを全く理解していない保護者だ。

[ 予想される結果 ]
A保護者はB先生に対する不信感が続き、子どもは宿題をしてこなくなりました。

---

B先生：はあ、そうですか…（無言）。

[ 当事者の気持ち ]
宿題の大切さを分かってほしいんだけど、ここで言っても伝わらないな。どうしたらいいんだろう。

[ 予想される結果 ]
A保護者は、自分の要望に何の対応もしないB先生に対して不信感を抱き続けました。

7 保護者からの依頼（される）

さて、B先生はどんなコミュニケーションをとればよかったでしょうか？
**攻撃的でも非主張的でもない「アサーションのDESCを生かした会話例」**
を以下に示しましたので、参考にしてください。

**B先生の発言がアサーティブになると…**

**A保護者：**「子どもは習い事をしているので、宿題をする時間がないのです。宿題をあまり出さないで、授業中にきちんと学習させてください。」

**B先生：**「習い事があるので、家で宿題をする時間が取れないということですね。また、授業中にきちんと学習をさせてほしいというお気持ちなのですね。」（**D**）
「毎日、習い事で頑張っている様子は私も知っています。素晴らしいことだと思います。授業中にしっかり学ぶということは基本でもありますし、私もお母さんのお考えと同じです。」
「その上で、学習したことは、時間が経つと忘れてしまうということも言われています。**忘れることを防ぐためにも宿題を出していることをご理解ください。**」（**E**）
「忙しくて時間が取れないとのことですが、同じように習い事をしているお友達や先輩たちから、時間の使い方や効率的な宿題や復習の方法などアドバイスを受けてみるのも一つの方法かもしれません。」（**S**）

⬇

**A保護者：**「そうですね。先生のおっしゃりたいことは分かりました。同じように取り組んでいるお友達に聞いてみます。」

**B先生：**「ありがとうございます。」（**C**）

**アサーティブになるポイント**

・B先生は、（E）で「忘れることを防ぐためにも宿題を出していることをご理解ください。」と、自分の考えを表現しています。

実践Ⅱ　関係をつくる事例

## 事例50　学校生活管理指導表（アレルギー疾患用）の提出を保護者に拒否された事例

A保護者

食物アレルギーは治らないし、毎年指導表を医者に書いてもらうのはお金がかかります。内容の変更がないんだから年1回提出しなくてもいいじゃないですか。

**事例概要**　学校生活管理指導表（アレルギー疾患用）は医師が記入し、保護者が1年に1度学校に提出します。管理職や関係職員と保護者は、表に基づいて面談を行い、除去食対応をしています。食物アレルギーは発育とともに変化する場合もあり、経口負荷試験や治療方法など医学の進歩もあり、絶対に治らないわけではありません。しかし、内容の変更がないのに毎年指導表を提出しなければならず、A保護者はいら立っています。

⬇

1年に1度提出していただくのが決まりです。
ご提出をお願いします。

B養護教諭

[ 当事者の気持ち ]
決まりは決まりなんだから、守ってもらわないと困る。

[ 予想される結果 ]
A保護者は納得がいかず、教育委員会に連絡して渋々提出しました。B養護教諭は、A保護者から面談の際に、「どうして学校できちんと説明ができないのか。」と、詰め寄られてしまいました。

そう、…でも、一応決まりなので…。

B養護教諭

[ 当事者の気持ち ]
検査しないで保護者からの聴き取り通りに書く病院もあるっていうし、全く変更がないと、保護者が無駄だと思う気持ちになっても仕方ないな。でも、検査してみないと分からないしなぁ、どう話したら理解してくれるのかな。

[ 予想される結果 ]
提出期限になっても提出がなく、管理職から再度A保護者に依頼しました。

7 　保護者からの依頼（される）

さて、B養護教諭はどんなコミュニケーションをとればよかったでしょうか？
攻撃的でも非主張的でもない「アサーションのDESCを使った会話例」
を以下に示しましたので、参考にしてください。

**B養護教諭の発言がアサーティブになると…**

A保護者：「食物アレルギーは治らないし、毎年指導表を医者に書いてもらうのはお金がかかります。内容の変更がないんだから年1回提出しなくてもいいじゃないですか。」

B養護教諭：「仰る通り、以前は食物アレルギーは治らないといわれていました。今は医師の指導のもと経口負荷試験を行い、その結果に基づいた治療方法もあります。さらに成長とともに食べられる種類が増えることもありますし、その逆もあります。お子さんにとって年1回の検査は食物アレルギーの状況を確認し、安全で豊かな食生活を送るための重要な検査です。」（**D**）
**「将来、お子さんが友達と食事をする時に食べられるものが一つでも多い方がお子さんも気兼ねなく食事を楽しめると思うんです。」**（**E**）
「提出期限は3月中旬ですが、詳しい内容は以前の面談でお聞きしていますし、今年は無事に過ごせました。始業式までに提出期限を延ばしてもよいので、受診し管理指導表のご提出をお願いします。」（**S**）

A保護者：「今の説明で理解できることもあったので、春休み中に受診するタイミングで間に合うなら受診できると思います。」

B養護教諭：「ありがとうございます。予約が取れましたらお知らせください。次回の面談日について相談しましょう。」（**C**）

**アサーティブになるポイント**

・B養護教諭は、（E）で「将来、お子さんが友達と食事をする時に食べられるものが一つでも多い方がお子さんも気兼ねなく食事を楽しめると思うんです。」と、自分の考えを表現しています。

## 編　者

**沢崎　俊之**（さわざき　としゆき）

埼玉大学教育学部心理・教育実践学講座教授
1957年東京都生まれ。一橋大学経済学部卒業・東京大学大学院教育学研究科教育心理学専攻博士課程単位取得退学。埼玉工業大学講師、助教授を経て現職に。専門は学校臨床心理学。
主著に『教師のためのアサーション』（共編著、金子書房）、『児童期の課題と支援』（分担執筆、新曜社）、『学校臨床そして生きる場への援助』（共編著、日本評論社）、『心の健康と適応』（分担執筆、福村出版）、『学級集団の理論と実践』（分担執筆、福村出版）など。

## 執筆者（五十音順）

**内田　浩子**（うちだ　ひろこ）
埼玉県北本市教育委員会学校教育課主幹兼指導主事
【実践Ⅰ（事例1、6、7、10、15）・実践Ⅱ（事例16〜18、25、31〜33、35）】

**駒宮　惠美子**（こまみや　えみこ）
埼玉県行田市立埼玉中学校教頭
【実践Ⅰ（事例4）・実践Ⅱ（事例19〜22、24、26、30、34、44〜49）】

**相模　幸之**（さがみ　ひでゆき）
埼玉県立熊谷高等学校教頭
【実践Ⅰ（事例2、3、8、9、11〜13）・実践Ⅱ（事例23、27〜29、36、38〜43）】

**沢崎　俊之**（さわざき　としゆき）
編　者
【解説（1、2）・実践Ⅰ（事例1〜4、6〜15）・実践Ⅱ（事例16〜38、40〜46）】

**辻野　智香**（つじの　ちか）
埼玉県さいたま市立徳力小学校養護教諭
【実践Ⅰ（事例5、14）・実践Ⅱ（事例37、50）】

サービス・インフォメーション
───── 通話無料 ─────
①商品に関するご照会・お申込みのご依頼
　　　　　　TEL 0120(203)694／FAX 0120(302)640
②ご住所・ご名義等各種変更のご連絡
　　　　　　TEL 0120(203)696／FAX 0120(202)974
③請求・お支払いに関するご照会・ご要望
　　　　　　TEL 0120(203)695／FAX 0120(202)973

●フリーダイヤル（TEL）の受付時間は、土・日・祝日を除く
　9：00～17：30です。
●FAXは24時間受け付けておりますので、あわせてご利用ください。

教職員のための"アサーション"実践50例
～会話で学ぶ豊かなコミュニケーション～

平成29年5月10日　初版発行

編　著　　沢崎　俊之
発行者　　田中　英弥
発行所　　第一法規株式会社
　　　　　〒107-8560　東京都港区南青山2-11-17
　　　　　ホームページ　http://www.daiichihoki.co.jp/
印　刷　　法規書籍印刷株式会社

教職アサーション　ISBN978-4-474-05705-0　C2037（9）

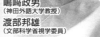